成都理工大学社会管理教育与研究创新团队计划资

成都理工大学中青年骨干教师培养计划

U0695810

马克思主义灌输理论
及其当代发展

白秀银◎著

中 国 出 版 集 团

世界图书出版公司

广州·上海·西安·北京

图书在版编目（ＣＩＰ）数据

马克思主义灌输理论及其当代发展 / 白秀银著. —
广州 : 世界图书出版广东有限公司, 2015.7（2025.1重印）
ISBN 978-7-5100-9868-0

Ⅰ.①马… Ⅱ.①白… Ⅲ.①马克思主义理论 – 理论
研究 Ⅳ.①A81

中国版本图书馆 CIP 数据核字（2015）第 164735 号

马克思主义灌输理论及其当代发展

责任编辑	梁少玲
封面设计	高 燕
出版发行	世界图书出版广东有限公司
地　　址	广州市新港西路大江冲25号
印　　刷	悦读天下（山东）印务有限公司
规　　格	787mm × 1092mm　1/16
印　　张	10.75
字　　数	176 千字
版　　次	2015 年 7 月 第 2 版　　2025 年 1 月 第 4 次印刷
ISBN	978-7-5100-9868-0/A · 0010
定　　价	68.00 元

前　言

　　灌输理论是马克思主义经典作家在与封建势力和资产阶级的思想交锋中，根据革命斗争的需要提出来的。它实质是对无产阶级革命斗争实践与科学理论指导相互关系的一种理性认识，即无产阶级在正义的立场上，用科学的方法，有目的、有组织、有系统地对人民进行思想政治的宣传教育。灌输理论曾经在我国无产阶级夺取政权和建设政权的过程中发挥过重要作用，然而随着时代的变迁，特别是当代人民生活的富足和信息技术的迅猛发展，人们思想求知的路径发生了革命性变化：被动的、程序化的灌输方式逐渐被主动的、多样化的自动吸纳方式所取代。因而灌输理论常被视作一种生硬强迫的外在施压方法被否定，然而又由于其程序简单、方法简便，且已成为传统而被延续，这种现实与传统的矛盾使灌输理论在当代陷入了一种十分尴尬的境地。因此，在澄清马克思主义灌输理论的本质内涵的基础上，厘清人们对马克思主义灌输理论的认识误区，探讨在当代理论和社会变迁冲击下马克思主义灌输理论的产生及发展，并探索马克思主义灌输理论在当代中国的实现路径，具有重要的理论意义和现实意义。

　　本书采用文献研究、比较研究和规范研究方法，首先厘清了国内外关于灌输理论的几个争议问题和几种错误论调，否定了部分学者认为马克思主义灌输理论是无产阶级在自身某一特定历史发展阶段上必须使用的特定的一种教育方法的观点，批判了学界关于马克思主义灌输理论的"过时论""无用论""强制论"；其次，回归经典作家原著，追溯灌输理论产生的社会背景和历史根源，挖掘了灌输理论的本质内涵。在深刻分析马克思主义灌输理论渊源和形成过程的基础上，梳理总结新中国成立以来中国化马克思主义对灌输理论的完善和发展，试图表明马克思主义在当代中国不仅没有"过时",反而愈加凸显生命力。本书详细考察了当代社会变迁颠覆了人们一味接纳的思维模式以后,马克思主义灌输理论实现方式在当代中国的变迁情况,分析了马克思主义灌输理论在当代中国的危机与认同,最后探讨马克思主义灌输理论在当代中国的应用,尤其是马克思主义灌输理论在当代中国实现思路的创新和实现路径的探索。以期解决在我国社会转型时期,灌输理论如何发展、内容如何确定、主体如何明晰、方法如何运用等问题。

目 录

1 绪 论

灌输理论是马克思主义经典作家在与封建势力和资产阶级的革命斗争与思想交锋中逐渐形成，并在社会主义革命和建设中不断完善和发展的理论，这一理论已经得到和正在经历社会实践的检验。马克思主义灌输理论的实质是关于无产阶级和社会实践与科学理论指导之间关系的一种理性认识，灌输理论曾经使我国社会主义革命和建设取得辉煌成就，面对西方社会愈演愈烈的和平演变和众多社会理论的冲击，我们要继续坚持社会主义基本原则和发展方向。然而随着时代的变迁，特别是当代人民生活的富足和信息技术迅猛发展，人们思想求知的路径发生了革命性变化：被动的、程序化的灌输方式逐渐被主动的、多样化的自动吸纳方式所取代，传统的灌输理论遭受着巨大挑战，常被视作一种生硬强迫的外在施压方法被否定，然而又由于其程序简单、方法简便，且已成为传统而被延续，这种现实与传统的矛盾使灌输理论在当代陷入了一种十分尴尬的境地。因此，马克思主义的灌输理论不仅是一个理论问题，更是一个实践问题。厘清人们对马克思主义灌输理论的认识误区，探讨马克思主义灌输理论在当代中国面临的冲击，并分析其下一步发展趋势，最后探索出马克思主义灌输理论面对社会理论冲击和社会变迁发生发展后的实现路径，具有巨大的理论意义和现实意义。

1.1 选题依据与研究意义

灌输理论是马克思主义关于无产阶级思想政治教育理论的重要组成部分，尽管当前社会条件和斗争形势已经发生根本性变革，马克思主义灌输理论的合理内核仍然是一种惯常使用的、行之有效的思想、信息传播和教育方式。深入研究马克思主义灌输理论，消除人们对于马克思主义灌输理论的刻板、错误认识，是探索社会主义先进文化建设和增强社会主义精神文明建设的有效途径。

1.1.1 选题依据

1.1.1.1 马克思主义灌输理论在当代受到理论和实践双重冲击，颇具争议

传统意义上人们理解的灌输就是自外而内、自上而下的单向信息沟通过程，这一理解源自列宁对考茨基关于无产阶级不可能自发产生革命意识观点的肯定："工人本来也不可能有社会主义的意识。这种意识只能从外面灌输进去。"[1]然而，随着无产阶级自身权利意识的觉醒，并取得革命斗争的胜利以及社会主义现代化建设的推进，人们的阶级关系、政治生活和社会地位都发生了复杂而深刻的变化：曾经神圣、崇高的理想信念不再需要自上而下的灌输就能自发产生，曾经神秘、遥远的上层领导的意愿和指示不再需要官方正式渠道就能自由获得，这些变化诱发了人们思想认识、价值观念和生活方式的革命性转变，于是人们对于曾经发挥积极作用的"灌输"信念产生动摇、怀疑，甚至是否定，思想上的认识偏差必然导致人们行为上易入误区而不自知。所以，对马克思主义灌输理论的重新认识和准确定位亟待进行。

21世纪以来，随着经济全球化进程和科技信息化浪潮的推进，我国正处在急剧变化的全球化世界大潮之中，社会意识对物质生产活动的反作用前所未有地爆发出来，文化的整合、观念的互动成为21世纪社会发展呼唤中的最强音，马克思主义灌输理论能否继续发挥其在社会主义先进文化创造中的主导作用，是否能够在错综复杂的各种社会理论中坚守社会主义核心价值体系的阵地，成为近些年来学术界和实践界广泛讨论和关注的问题。然而，学者们对于灌输理论的基本内涵、本质特征、适应性与时效性等方面争论不断，意见不一。目前没有学者能够从根源上论证清楚马克思主义灌输理论之伪，中西方学者无不肯定灌输理论有其积极的方面，尤其是改变对象思想意识的程序性、简易性得到了灌输者的高度青睐。但是在实际操作中，人们又总是竭尽其力地批判灌输的

机械性、僵化性，甚至指责其对人性创造力的钳制和禁锢。学者们从理论和实践两个层面对灌输的内涵进行了深入研究。

有的学者认为灌输理论曾经在历史上发挥了重大的积极作用，但是当前人们的社会生活方式和思维逻辑方式都发生了巨大变化，灌输理论发挥作用的前提条件已经不复存在，灌输方式已经不能适应当前社会情况的变化和当前社会的需要了；有的学者认为在社会主义市场经济条件下，发展经济是首位的，只要发展有成效即可，经济效益会驱使人们自动寻求所需，没有必要再进行灌输教育；也有的学者主张灌输的实质是一种外在的强制和封闭，它通过一切手段和方法敦促灌输对象形成灌输主体所期望的特定的价值观念和行为模式，灌输的内容是社会主流的道德规范和现行体制内的价值导向，灌输的方法则是机械重复的、简单快速的，因而灌输整体上是一种僵化的、低效的信息传输和教育方式，它的消极方面是主要的；还有学者认为马克思主义灌输理论是与人们的自我教育、自我觉醒相对应的一种信息传递和沟通方法，它运用说教的方式从外部影响灌输对象的思想观念，灌输在理论上是一种正面的、积极的教育方法，它的主要内核是合理的，应当结合灌输的具体内容和对象有针对性地使用。

学者们围绕"灌输"问题进行的大量研究工作，使我们对于灌输理论在当前的境遇有了深刻的认识，无论是对马克思主义灌输理论科学性的怀疑，还是对灌输方式适用性的动摇，都为我们进一步深入研究提供了素材；同时理论上的争议不断必然导致实践中的迷惘，学界关于灌输理论的争议也使我们更加深刻领悟到澄清马克思主义灌输理论的迫切性与必要性。

历史和现实表明，精神和文化是一个国家和民族的灵魂和脊梁，而"灌输"正是传承精神文化的重要方式。如果没有对主导价值体系的灌输，人们就会在各种思潮中迷惘，社会就会失去共同的思想基础和精神动力。当今世界正处在大发展大变革时期，也是政治经济格局大调整的时期，世界范围内的各种思想文化交融、交锋；加之我国改革开放的深入推进，国内社会思想意识日益多变、多元。面对这样复杂的国内国际形势，对于社会主义主导价值观念、核心价值体系的灌输就显得更加迫切，从而以科学的方式既大胆吸收借鉴人类一切优秀文明成果，又有效抵制腐朽社会理论的侵蚀，切实维护社会主义国家文化安全，巩固全国各族人民共同奋斗的思想基础。

灌输理论作为马克思主义理论体系的一个重要组成部分，在当前形势下仍然有着深厚的现实土壤，它是我们社会主义事业长久发展的重要软性手段之一。学术界对于马克思主义灌输理论的争议，既有合理性又有片面性，必须细致地逐一分析，坚持历史辩证法；澄清马克思主义灌输理论的本质内涵，拨开灌输理论与实践操作冲突的迷雾。

1.1.1.2 马克思主义灌输理论面临的争议和认同危机，引发了自身发展

20 世纪末期以来，全球化、信息化和网络化逐渐成为人类社会最鲜明、最突出的特征，这一特征深刻变革着人们的生产生活方式，对人们的思维方式更是产生了巨大影响。以现代快捷交通手段和高科技信息通信技术为保障的全球化迅速推进，使人们生活的便捷性、互动性和关联性大大增强，地球村的概念越来越为人们所接受，人们社会关系的开放性和关联性也极大增强，社会意识的状况较之从前发生了重大变化。尤其是信息化和网络化的推进，使人们的社会关系越来越多地由传统的实体交流沟通转变为借助信息手段和网络空间的虚拟交流；维系社会关系的基本手段也从血缘、地缘、业缘方式转变为借助智能化和电子化的利益或意识关注方式；人们的交往空间和内容也不再受地域和领域的局限，而转向流动的、全球的政治、经济、文化、科教、艺术等各个领域。现代生产方式和生活模式的转变，实际上直接变革着人们的思维方式和生活观念，一些传统的思维方式、道德观念和意识形式，自然也要随之发生改变。

随着民主政治的进一步发展和信息化的深入推进，人们之间的联系比以往任何时候都要紧密，与以往灌输主客体之间直接相对应的联系不同，在信息化背景下灌输主客体之间的这种联系主要是依靠媒体的作用实现的。媒体对灌输主客体之间信息沟通的介入比以往任何时候都要深入，灌输主体、客体、媒介三者之间的关系越来越复杂。主体功能定位、媒介利益诉求、客体信息偏好等多种因素共同影响着灌输结果。尤其我国正处在改革的攻坚阶段和关键时期，因此在当前对灌输理论和方式进行再认识、再思考，不仅在理论上具有深远的意义，同时在实践中也具有重大的指导意义。

伴随当代各国家和民族之间跨文化交际的实现和全球化网络虚拟空间的延伸，全球化、信息化和网络化趋势迅速发展，新的生产形态不断涌现。而在这些新兴的社会生产形态中，先进社会意识所创造的生产力比以往任何时候都要

突出。面对时代的需求和生产方式的变革，思想互动成为人们的重要活动和存在方式之一，也成为现代社会精神文化的基本问题之一。在现代社会生产方式发生巨大变化的情况下，对马克思主义灌输理论的研究就是对现代生产条件下改变人们思想方式的研究，更是对正在显露端倪的由现代生产方式决定的新型社会沟通方式的研究。

现代生活方式的变迁是马克思主义经典作家所未能预期的，因此，产生于19世纪的马克思主义灌输理论的实现方式也必然要在当前的社会形势下发生变革，才能适应当下形势的需要，这是毋庸置疑的。加之，马克思主义理论体系从其诞生的那一刻起，本身就以其开放性、发展性来维持自身的科学性和先进性，作为一个开放的理论体系，马克思主义理论体系正是由于其随着社会发展而不断完善自身而具有生命力。马克思主义经典作家关注灌输问题的立场、方法决定了他们的思想是我们继续探究灌输方式的重要源泉，他们对于灌输手段、方式和表现形式等问题的研究已经包含了灌输的核心和规律。澄清马克思主义灌输理论的本质内涵，在新形势下探索灌输方式和手段的演进及其发展，不仅能够解决当前社会主义意识形态遭遇的各种社会思潮的冲击问题，而且能够为我们坚守社会主义核心价值体系提供思想保障，同时更是完善和推动马克思主义灌输理论本身发展的关键步骤。

1.1.1.3　研究马克思主义灌输理论的发展和发展趋势，才能使其继续发挥作用

人类文明的传递、基本价值观的弘扬客观上决定了灌输理论存在的必要性；尽管面临理论和实践上的巨大挑战和质疑，但灌输方式在思想政治教育工作领域的实际存在恰恰证明了其在当代具有价值。只有不断研究马克思主义灌输理论的发展趋势，才能使其更好地发挥作用。

马克思主义灌输理论是无产阶级长期以来坚持思想政治工作的重要理论支撑，对先进社会意识形态和价值体系的灌输是无产阶级进行思想政治教育工作的重要手段和方法。正是对马克思主义灌输理论的准确应用确保了我国社会主义意识形态的一元纯正，通过中国共产党系统地将科学社会主义的理论灌输到人民群众的思想意识中，并促使其内化为人们的自觉行动，我们的社会主义建设事业才取得了一个又一个的重大胜利。

时过境迁，随着我国经济转轨、社会转型，人们的思维方式和价值观念已经发生了深刻变化，这给传统意义上自外而内、自上而下的思想灌输方式带来严峻的挑战。当前，人们不再忙碌于求生存，而在于追求生活质量和自我价值的实现，于是对于精神世界的追寻便转向自发性和自为性，人们主动通过一切渠道充实自己的精神世界，而对于外界普遍灌输的、对于自我精神追求相关性不大的、不能满足自己当下需求的那些意识和文化弃而不理，甚至有意抵制。这种状态是一种短视行为，长此以往必将走向实用主义，丧失人生基本理想追求和社会责任，整体上不利于人生价值的实现，也会危害社会的健康风气。对于人类社会基本的道德准则、人类活动基本的行为方式、人类优秀文明的精华以及人类社会的终极奋斗目标等具有真理性、稳定性的积极精神因素，应当代代相传；而这些基本道德规范、行为准则和文明结晶并不是人们与生俱来的，代际灌输是一种最基本的传递方式，它是人类文明得以传承的基本途径之一。因此，无论时代如何变迁，灌输方法都具有实用性，灌输理论都具有时代意义，需要坚持。

与此同时，全球化背景下的中国正处于复杂的国际形势下，尽管和平与发展是时代主题，但是西方强权政治和霸权主义对我国意识形态的侵蚀不但没有减弱反而变相强化，敌对势力对中国所谓"和平演变"的企图仍然没有改变，他们利用一切机会，无孔不入地充塞其政治观点、意识形态和价值观念给正处于社会转型时期的中国人民。转型时期的中国，旧的规范被破除，而新的规范尚未完全确立，这无疑给敌对势力和破坏分子的思想侵蚀留有空间。因此，在当前坚持把马克思主义先进文化思想灌输给人们具有拒腐防变的重大现实意义和社会意义。

然而，随着社会的发展和信息爆炸时代的到来，人们获取信息的主动性、可能性和可行性不断增强，媒体和网络的介入更使得人们之间的信息联系发生了革命性的变化，大量在过去被封闭的信息完全向人们开放，人们可以自由选择并自主接纳想要的信息。因此，传统的灌输方法必须要改进才能符合当下人们的需要，特别是在灌输内容和灌输手段上，要结合信息技术的演变，用最新的传播手段取代传统意义的说教形式，用当下实用的语言形式取代传统意义上的刻板内容，只有这样才能减轻人们的心理抵制，从而被人们自然接受。任何先进的理论都不可能自发进入到人们的意识领域中，灌输仍然是当今时代必不可少的信息传递方式,但是必须要与时代进步相一致,灌输的内容和手段需要不断更新。所以,马克思主义灌输理论在当今时代仍然具有现实价值,只是需要随着时代的变迁和人们生活方式的变化不断丰富和完善。

1.1.2 研究意义

1.1.2.1 理论上丰富和发展马克思主义灌输理论

马克思主义灌输理论是马克思主义革命理论的组成部分之一,尤其是关于如何教育、发动无产阶级的思想动员的一种重要理论。在马克思主义经典作家看来,"'灌输'就是正面的系统性教育,就是用马克思主义的立场、观点和方法,对人们的思想意识进行有目的、有计划的宣传教育,使之树立政治信仰,提高政治觉悟,保持正确的政治方向"[2]。即马克思主义灌输理论本质上是关于理论与实践关系的一种理性认识,是马克思主义先进分子有目的、有组织地对特定对象进行系统思想理论宣传教育的一种手段。在无产阶级与资产阶级的思想交锋和政治斗争中,坚定的马克思主义者借助灌输手段,唤醒无产阶级的自为意识和政治觉悟,促使广大无产阶级群众坚定科学信念,顺应社会发展进步的规律朝着正确的方向前进,推动社会的进步和自身的解放,因此,灌输方法和灌输理论在无产阶级争取自身解放过程中发挥了不可替代的重要作用。

然而,随着时代的变迁,无产阶级争取自由、解放的运动已经由武装革命斗争转为趋于和平改良的政治斗争,整个世界范围内的无产阶级运动陷入低谷,在无产阶级与资产阶级之间的较量中,资产阶级占较大优势。在这样的大环境下,经济全球化步伐加快,国家间综合竞争日趋激烈,这对无产阶级的政治经济生活、生产行为方式产生巨大影响,进而影响到无产阶级的思想意识、政治态度、价值取向和道德观念,不仅直接导致无产阶级与资产阶级博弈方式的改变,而且导致两大阶级的斗争方式发生重大变革,甚至出现了无产阶级向资产阶级妥协,转而为资产阶级谋利益的现象。无怪乎也就出现了大量的关于马克思主义基本理论已经过时的论调。

在笔者看来,正是在这样的国际大背景下,马克思主义灌输理论更加有丰富和发展的必要。面对国际共产主义运动的低潮,如何根据新情况的变化,分析研究错误观点产生的根源，加强对于科学社会意识形态和价值观念的灌输，是理论和实践工作者都应当致力于解决的问题。在新的国际国内斗争形势下，理论工作者应当加强研究工作，还马克思主义灌输理论本来的科学面貌，以发展的、与时俱进的马克思主义灌输理论指导无产阶级的思想政治教育工作，以适应新形势的变化。马克思主义灌输理论由灌输主体、客体和媒介三大部分组成，这三大部分相辅相成、相互制约，尤其是在当前社会形势和人们社会生活状况发生深刻变化的情况下，在马克思主义科学立场上继续研究，丰富和发展马克思主义灌输理论，对于进一步强化和完善思想理论教育工作具有重要指导意义。

当前，学术界广泛流传着马克思主义灌输理论已经"过时"、不再适用、是一种临时"应急"等几种论调，也存在对马克思主义灌输理论原创性、必要性、实质性、强制性等方面的争议。作者认为究其根本原因正是个别学者对于马克思主义灌输理论的基本内涵认识不够充分，对这一理论的科学性认识也不够彻底。他们对于马克思主义灌输理论在无产阶级革命斗争史上所起到的历史积极作用持高度肯定的态度，然而对于其在无产阶级已经取得斗争胜利的当代中国是否仍能继续发挥作用持一种质疑或观望的态度。

事实上，由于马克思主义理论体系自身的开放性和发展性，马克思主义灌输理论随着时代发展的进步和社会变迁的推进，也应该自然地进入到一个崭新的发展阶段。这一理论本身不应该是机械僵化的，而是应当根据时代进步和社会变迁在坚持马克思主义基本立场、观点、方法的基础上，被赋予新的使命，使其与时俱进，更加符合马克思主义基本理论的科学性。这是新时代马克思主义理论和实践工作者的历史责任，我们应当根据人们社会生活状况的改变和内心需求的变化深入探究马克思主义灌输理论的当代价值，做到有的放矢，澄清个别人对于马克思主义灌输理论的僵化理解，平息理论争议和现实矛盾，这是我们在新形势下丰富和发展马克思主义灌输理论的关键步骤。

社会经济形态当然会影响人们的思想观念，但是这种影响并不是像数学函数那样直接映射在人们的头脑中，从而左右人们的行为方式。人们某种思想观念的形成是一个较为复杂的长期过程，它需要在特定潜在的或群体共同认可的先进理论体系或意识形态指引下，经过个体的内在消化、提炼升华后才用于指引其社会活动，进而反映出个体的一种态度和精神面貌。而这种共同认可的科学意识形态正是马克思主义灌输理论所要倡导的；这种培育、提炼与升华的过程，正是马克思主义灌输理论的用武之地。在实行市场经济的当代中国，马克思主义灌输理论的最大历史任务就是要用马克思主义的科学理论和社会主义的先进意识形态武装人们的头脑，引导人们观念变革，保持社会主义的正确方向，弘扬经济转轨与社会变革中所蕴含的时代精神，力争在市场经济大潮中占得主动，树立起适应社会主义市场经济客观规律的新思路和新风尚。

面对市场经济大潮对于人们思想意识领域的冲击，马克思主义灌输理论首先要通过摆事实和讲道理，让困惑迷惘的人们清楚：改革开放的实践和市场经济的洪流必然会带来积极和消极两个方面的东西。人们既会收获实际的利益，又会面临腐朽糟粕的冲击，但是在这一过程中社会进步是必然的，积极变化是占主流的、第一位的；消极变化是个别的，是次要的、第二位的。其次，马克思主义灌输理论要向人们讲清楚：在我国经济转轨和社会转型时期，社会旧的秩序已经被打破但是新的秩序和规范尚未正式形成，整个社会处于一个过渡时期，在这一时期内各种社会现象凸现，社会矛盾交织，从而引发人们思想意识的混乱与迷惘，这是社会发展的特定阶段必然会出现的现象，是不能避免的；但从社会发展总的进程上说，这些都是暂时的、是某一阶段出现的，伴随着社会主义法律体系的逐步健全和与其相适应的相关道德体系的完善都将得到解决，逐渐形成有序、规范的社会环境和生活环境。在这一过程中，对于主导社会意识形态的灌输宣传尤为重要，这是保证人们在迷惘中保持清醒头脑、把握正确方向的必要条件。用马克思主义灌输理论的科学方法对人们进行理论和思想上的引导，用社会主义核心价值体系规范人们的思想行为，能够使此前改革开放中没能避免的思想问题得以解决，从而更好地推进改革开放和市场经济发展。

再次，马克思主义灌输理论还需要向人们陈述清楚：尽管有大量消极现象出现在市场经济和改革开放过程之中，但这些消极现象与改革开放并没有直接的因果关系，也不是由于改革开放直接引起的。恰恰相反，改革开放的目的正是为了能够解决和消除这些消极因素对社会发展的不利影响。马克思主义灌输理论教育人们认识到这一点，才能够使人们切实感受到改革开放所带来的巨大成果，以及这些成果对我国的社会发展带来的重大推动和促进作用。马克思主义灌输理论对于有中国特色的社会主义物质和精神文明成果的肯定，势必会强化人们对于这些成果的直接感受和心理体验，使得人们从心理上更加深刻地理解党的基本理论和路线、纲领的正确性，从而在行动上更加支持并投入改革开放和中国特色社会主义的建设事业，在政治上也更加拥护中国共产党的领导，对中国的社会主义道路充满信心，能够看到其光明前景，并更加坚定人们朝着这一光明前景不断努力奋斗的信念和决心。

经济全球化、生活信息化给人们精神世界的思维方式、思想认识、价值观念带来冲击，这客观上要求马克思主义灌输理论必须顺应时代的要求，与时俱进、不断完善和发展才能继续保持其科学性，才能适应新形势的需要。然而，如何才能使马克思主义灌输理论与时俱进，这要求我们理论工作者面对时代的变化和社会的变迁，不断研究新情况，兼收并蓄，将最新的科学理论与思想内容纳入到马克思主义理论体系之中，使这一理论更够满足人们的思想需求，能够解决人们现实生活中的实际问题，如此，马克思主义灌输理论才能为人们所拥护。

1.1.2.2 实践上探索马克思主义灌输理论在当代的应用

21世纪是一个蓬勃向上、日新月异的新时期，中国共产党带领全体人民群众进行中国特色社会主义事业建设，追求解放全人类的共产主义最高理想。因此，迫切需要一批拥护马克思列宁主义，能够适应当前复杂的政治、经济、社会意识形态变迁，具备较高的理论与实践素质的党员、干部和群众队伍，在实践中勇敢地挑起历史重任，带领广大人民群众边摸索边前进，使自身素质不断巩固、加强、提高，使革命理论不断丰富、发展、完善，使正确的思想更容易被广大群众理解、掌握、接受，最终达到广大人民群众能够自觉行动的境界。要达到这一境界，"灌输"仍然是不可或缺、行之有效的重要途径与正确方法。

首先，任何先进的科学理论都可以借助灌输这种方式为最广大的人民群众所接受。任何一种社会，其意识形态体系都只能是一小部分人先认识并总结构建起来，然后再由这部分人借助特定手段灌输到广大群众中去。经典马克思主义是这样，中国化的马克思主义理论体系同样也是如此。毛泽东思想是以毛泽东同志为核心的领导集体结合中国革命实践实现的马克思主义的第一次飞跃；邓小平理论是邓小平同志在继承毛泽东思想的基础上，从中国实际情况出发探索马克思主义的第二次飞跃；"三个代表"重要思想是以江泽民同志为核心的第三代领导集体，在继承、发展毛泽东思想、邓小平理论的基础上，将马克思主义同中国特色社会主义建设实际相结合形成的马克思主义中国化的新的理论成果。每一次理论的飞跃和发展，无产阶级革命家和领导者都以马克思主义为指导，充分发挥理论家与政治家的谋略，长期思考，实事求是，将马克思主义同中国实际情况相结合，创造出最适合中国发展的科学理论。理论源于实践，并最终对实践活动进行指导。这些科学理论要在实践中产生巨大的能量，就必须依靠灌输手段向广大群众进行传播，最终为群众所理解、接受、掌握。因此，在社会主义建设的现阶段，坚持以灌输方式宣传科学理论，依然是无产阶级政党应该掌握的重要手段。

其次，国际政治局势的风云变幻和经济全球化的迅猛发展，急迫要求坚持社会主义核心价值体系在人民群众精神世界的中流砥柱作用。可见对于社会主义文化精髓的灌输，是国际形势发展的客观需要。当今世界以西方国家领衔的信息技术革命使资本所雇用的人越来越少，而产品价格和质量却越来越有竞争力，产品的全球化趋势强化；网络的发展，使国际资本的流动速度以几何级数加快，资本完全可以脱离实体生产和流通环节，在金融及其衍生领域，仅通过鼠标的点击就能在瞬间掠夺大量别国和他人的财富，实现自身价值的几何级数增长。因此当前在全球范围内已经出现以垄断资本主导的极少数国家、极少数人愈来愈富，而大多数国家和大多数人愈来愈穷的经济现象。任何社会理论都是植根于深厚的经济基础之中，国际经济形势和政治格局的改变，必然对人们的精神世界产生冲击。中国作为目前世界上最大，建设最成功的社会主义国家，正在成长为维护世界和平和正义的中坚力量。面对极少数国家旨在消灭社会主义、实现全球霸权的经济大战和政治演变，对于社会主义制度优越性、社会主义价值观念正义性的理论灌输是我们面对多种挑战而保持清醒认识的重要基础前提。正如中国社会科学院李慎明研究员所指出的："一个国家被消灭了，只要这个国家的文化、精神依然存在，这个国家迟早要复兴。但一个国家和这个国家的文化被同时消灭了，这个国家也就永远被消灭了。"对于社会主义先进文化和主导价值观的灌输是我们社会主义国家得以传承和发展的重要保障。

坚持走社会主义道路的国家，特别是中国，一直是少数西方大国敌视的对象。他们利用自身的经济、科技优势，利用自己拥有的信息传播控制力和在世界范围的影响力，运用各种手段大肆宣扬西方资产阶级的政治制度、意识形态、文化习惯，以期动摇社会主义国家的马克思主义信仰，瓦解人们的共产主义信念，从而削弱社会主义意识形态对资产阶级国家的影响。对于西方少数大国发动的这场敌视中国的无硝烟的战争，我们党和国家要高度重视，这关系到国家和党的生死存亡。因此，对于西方国家的同化绝对不能掉以轻心。在严峻的国际形势下，必须坚持马克思主义的灌输理论，继续坚定不移地高举马克思列宁主义旗帜，继续高效地向广大人民群众进行马克思主义、社会主义思想和社会意识形态的宣传教育，继续坚定广大人民群众对社会主义的信心。

再次，改革开放和市场经济的发展带来广泛而深刻的社会变革，引起了人们思想观念和精神世界的深刻变化，随之要求对于改造人们精神领域的理论和方法发生变革才能适应情势的需要。30多年的改革开放和市场经济建设，突破了大量传统保守意识，极大推进了社会主义经济和社会发展；但是其带来的负面影响也是突出的：少数人实际利益受到影响导致心理失衡、资源配置和分配方式不完善导致收入差距扩大、改革配套措施和政策法规不健全导致社会道德下滑。旧的思维已经被打破但新的标准尚未正式确立，这使很多人对改革开放的后果越发认识不清，对社会主义的发展前景感到悲观失望，对待这些疑虑和困惑，我们必须从理论的高度予以释惑，探索马克思主义灌输理论在新情势下的适用性和发展深化，努力从理论与实践相结合的高度帮助人们辨证分析，分清主流意识与支流意识，牢牢抓住思想意识建设的主阵地。

1.2　研究综述

思想政治教育工作是我党一切工作的生命线，是我党建设中国特色社会主义必不可少的法宝和重要的政治优势，这是我们在社会主义革命和建设实践中积累的宝贵历史经验。灌输理论对于政治思想工作来说，在过去的相当长时期内是我们思想政治工作的重要方式，随着时代的变化和人们生活方式的改变，理论灌输有没有过时？其科学性、可行性在多大程度上还存在？在人们的日常生活中，它是应被当作一种历史的垃圾被抛弃，还是应取其精华去其糟粕地继承它合理的内核部分，继续发挥其应有的作用？对于这些问题，无论在国内还是国外学术界均颇有争议，予以重视并及时澄清显然是非常必要的。

1.2.1 关于马克思主义灌输理论的几个争议问题

马克思主义灌输理论是马克思主义经典作家和无产阶级政党的基本思想政治工作原则。但随着时代的变迁和国际政治经济局势的发展，马克思主义灌输理论在内容、形式上发生了重大变化。人们关于马克思主义灌输理论的研究和探讨出现了大量的争议，主要集中在马克思主义灌输理论的创始者是谁？随着时代的变迁马克思主义灌输理论是否还有坚持的必要？马克思主义灌输理论的实质是什么？马克思主义灌输理论是否具有强制性？

1.2.1.1 关于马克思主义灌输理论原创者的争议

关于马克思主义灌输理论的最早提出者，学术界大体概括起来主要有以下几种观点和看法：有人主张是考茨基最先提出向工人阶级灌输无产阶级革命思想；有人认为当前最为广泛意义使用的 "马克思主义灌输理论" 的最早正式引进者是列宁；也有学者认为从历史发展进程上考察，认为灌输理论的创立者是马克思主义者，即思想源头是马克思恩格斯的论述，初步提出是考茨基的贡献，而完善和发展是列宁的概括；还有极个别的学者认为是 19 世纪 40 年代初，法国空想共产主义者泰奥多·德萨米在其代表作《公有法典》发表时提出来的。

长期以来，我国思想政治教育界大多数学者一直持 "考茨基首创说"。这种观点认为，"灌输" 这一概念最早是由考茨基提出的。理由是：奥地利社会民主党在 1888 年年底进行了政党的新纲领草案的审议，这个新的纲领就是著名的海因菲尔德纲领，进行到定稿工作时考茨基明确提出了向无产阶级灌输社会主义意识的观点。考茨基论述道："进行无产阶级革命要组织与动员广大的无产阶级群众，并对广大的无产阶级进行共产主义的灌输，使其领悟到自身在革命中的地位，使无产阶级在完成革命任务的过程中保持着精神上高效的战斗力，奥地利社会民主工党要坚持这样的纲领。"[3] 考茨基第一次引证并完整表述无产阶级灌输思想，可追溯至 1901 年 10 月的《奥地利社会民主党的纲领》，这篇刊载在《新时代》杂志上的文章指出，需要把社会主义思想意识灌输到无产阶级的脑中，人民群众在生产活动中无法自己产生共产主义的觉悟。他特别提到即使在复杂的阶级斗争环境中无产阶级也不具备自发进行灌输的能力[4]。

金重、胡河宁等一批学者认为"灌输论"的最早提出者应该是马克思与恩格斯。如金重撰文指出：马克思和恩格斯不仅早就使用过"灌输"概念，并且多次谈及"灌输"问题，提出了关于无产阶级需要灌输的基本思想。如马克思早在 1844 年 1 月发表的《〈黑格尔法哲学批判〉导言》一文中，就已经初步表达了向无产阶级灌输科学社会主义意识和观念的思想，他指出，"无产阶级是哲学的物质载体，那么，哲学相应也成为无产阶级革命的思想武器，经过无产阶级革命思想的灌输，德国广大的无产阶级才能实现其历史使命"[5]。胡河宁也认为，马克思对灌输涵义的阐述曾出现在《德法年鉴》的写作中，马克思强调要重视科学社会主义在广大人民群众当中的深入传播，灌输教育能够使无产阶级思想充盈，最终解放自身，也解放全人类。1844 年 11 月，恩格斯在《共产主义在德国迅速进展》中指出：图画在进行社会主义宣传中发挥着灵活的作用，比古板的说教更能引起人们的共鸣，要利用好它对广大群众进行马克思主义的思想灌输工作[6]。这是有史记载的灌输概念首次出现在恩格斯的言语中。从另一方面来看，马克思和恩格斯几乎同时认识到灌输的重要性，并在 1848 年公开发表的《共产党宣言》中有这样的表态："共产党要抓紧对广大工人阶级的思想教育工作，使他们在阶级斗争中深刻理解到资产阶级与广大无产者的敌对关系，促进德国工人阶级在资本主义社会的腐朽统治中拿起自己的武器推翻资本主义世界"[7]。1875 年马克思在写作《哥达纲领批判》的过程中谈到，"很多现实主义观点遭到了误解，令人惋惜的是党灌输那些观点理论是耗费了巨大精力的"[8]。

由此看来，即使在马克思和恩格斯的经典著作中没有发现其直接使用了"灌输"这一词语，但其论述中却隐含了大量灌输的思想，灌输理论的萌芽在其思想中可窥见一斑。马克思和恩格斯论著中所说的"教育"便有后来马克思主义者所使用的"灌输"的意思，我们应该认识到对广大人民群众进行的灌输教育工作是不可缺少的，这主要体现在社会主义意识形态上的思想政治教育，无产阶级政党要肩负起这样的历史使命。因此，尽管对于灌输的本质问题以及怎么去实现灌输的理论方法，马克思、恩格斯的经典著作中没有直接的论述，更没有形成较为系统的灌输理论，但他们关于启发无产阶级阶级意识的重要性和思想政治教育方式的论述可以看作是马克思主义主义灌输理论的思想源头。

中国一部分学者认为最先是由列宁系统地提出灌输理论观点，理由是：列宁将有关马克思主义的灌输思想与当时俄国的工人运动现实相结合，于《怎么办？》这一著作中，主要从三个方面全面系统地论述了灌输理论：第一个方面，即"为什么要灌输"：单纯性的工人运动不会自发地产生科学社会主义意识；第二个方面，即"灌输什么"：科学社会主义理论以及无产阶级的政治意识是首要灌输的内容，务必用马克思主义的科学理论武装群众；第三个方面，即"怎样灌输"：科学社会主义的理论必须从外部灌输。

"灌输"在列宁的著作中不是个偶然的、孤立的字眼，而是含义明确、有着丰富的内容思想。在列宁那里，"灌输"的意义是：社会主义者从俄国国情的实际出发，学习并且掌握马克思主义理论，利用外部灌输的方法，将马克思主义理论与俄国工人运动实际相结合，建立具有工人阶级自觉性的政治组织。王启文等人认为在《怎么办？》以及考茨基那篇文章发表以前，"灌输论"就已具备了相对完整的理论形态，列宁在 1894 年发表的一系列有关论述中，全面生动地展示了"灌输论"的特点，除了阐明了"灌输论"基本含义，同时还指出了"灌输"的重大现实意义、"灌输"的历史使命，以及"灌输"的具体内容和"灌输"的形式方法。

也有个别学者，如淮北煤炭师院学报发表的张善林《试论马克思主义的思想灌输原则》一文中指出，早期空想社会主义者德萨米是灌输理论的最早提出者。文章引证德萨米于 1842 年《公有法典》中所言：无产阶级的思想中需要真理，有必要对无产阶级进行思想上的灌输[9]。学者房金凤、孙代光也认为，德萨米在《公有法典》中提出的给无产者灌输真理是关于灌输的最早表述。这实际上就是主张无产者不能自发产生科学意识，而必须从外面灌输。这批学者甚至主张，马克思和恩格斯对于灌输概念的使用，"'大约'也是受到德萨米的启示而沿用的"[10]。

武汉大学教授孙来斌在其论文《"灌输论"思想源流考察》中，从对历史脉络的考察出发，重新梳理了灌输理论的创立者。孙来斌认为，灌输理论的创立者是马克思主义者，即思想源头是马克思恩格斯的论述，初步提出是考茨基的贡献，而完善和发展是列宁的概括。这些观点虽有不同，但却从不同角度分别展示了经典马克思主义作家和马克思主义者在灌输理论方面所做的伟大贡献。

追寻马克思主义灌输理论的起点，应该仔细研究马克思、恩格斯的经典著作。考茨基仔细研究了马克思主义灌输思想理论化的整个经过，对灌输理论的发展尽到了自己的历史责任。而列宁完成了更为重要的工作，他不仅完善了马克思主义灌输理论的体系，还在实际工作中运用了灌输理论，使灌输理论在世界上产生了广泛的影响。正是每个时代的马克思主义理论者对真知的探求，使马克思主义理论体系中灌输理论得到了充分的发展。所以，国内学者孙来斌教授认为马克思主义灌输理论的诞生是马克思主义理论学者的功劳[11]，这一观点也得到了部分学者的认可。

学术界关于马克思主义灌输理论不同意见的提出以及由此引发的有关谁是首创者的争论，对于我们研究马克思主义灌输理论的形成过程，搞清楚马克思主义灌输理论的基本内容和实质问题，并在新的历史条件下坚持、完善和发展这一理论是大有裨益的。作者认同从历史发展进程上考察马克思主义灌输理论，即马克思主义灌输理论是马克思主义者在马克思恩格斯的理论立场、观点、方法基础上，由考茨基明确提出，列宁在革命实践中正式形成和完善的。

1.2.1.2 关于马克思主义灌输理论必要性的争议

对于马克思主义灌输理论曾经在历史上，尤其是在唤醒无产阶级的自为性、争取自身解放斗争的过程中起到过的巨大积极作用，学者们几乎没有异议。但是由于马克思主义灌输理论提出的历史背景与当前的应用环境差异巨大，有不少学者和实践工作者对于在当前的历史条件下，是否还应该继续坚持马克思主义灌输理论表示质疑。

有学者认为，马克思主义灌输理论提出的时代背景与当代现实相比，已经发生了巨大改变，因此，是否应当在现代的时代背景下始终不渝地贯彻这一理论仍然需要探讨。有些学者认为身处特定的历史环境中，工人阶级限于自身的精力有限，无法进行理论的研究工作，他们缺乏文化上的自我修为与物质条件上的极大丰富，因而他们需要外部条件对其进行科学社会主义意识的灌输与指导。他们还认为灌输理论的提出有其特定历史条件，当时无产阶级受到剥削和压迫，而现如今，工人阶级已经成为国家的主人，科学文化水平与日俱增，社会历史条件已发生巨大变化，尤其是现代信息技术的突飞猛进为理论研究的开展，信息资源的获得与利用以及科学技术的高速提升提供了便利的条件技术，人民群众也具有了理论知识的研究能力，"外部的灌输似乎显得不是那么紧要了"[12]。

也有一些研究者在对灌输内容进行研究的过程中，怀疑在新时代是否还需要灌输。他们断言随着社会环境的变化，马克思主义不再与环境相适应，这一理论已经过时了，没有必要在新形势下坚持旧的灌输理论，他们列举的理由五花八门：有的截取马克思主义的个别论断批其已经过时，有的宣称马克思主义理论中并没有解决实际问题的办法因而不值得坚守，有的则以国际共产主义运动陷入低潮指责马克思主义理论无用。但是，这些所谓理由是经不起推敲的，很快遭到大多数主流研究者的驳斥和批判。坚定的马克思主义者研究指出，政治形势的改变和社会环境的变化并没有从根本上动摇马克思主义理论体系的根基，马克思主义理论对于人类社会发展一般规律的揭示是真理性的，不会随着时间的推移而改变。人们文化程度的提升、生活质量的提高和政治地位的变化只能表明先进理论的灌输有了更加良好的内外部条件，断然不能得出灌输就"无用"的论点。马克思主义灌输理论发挥作用的主要阵地是人们的思想意识领域，人们思想觉悟的提升与其文化素养的高低有一定关系，但并非绝对成正比关系。那些认为文化水平高的人思想觉悟自然就高的人实际上是主张意识"自发论"[13]，这是不符合人类认知基本规律的，是一种错误的观点。在当前的社会发展阶段和历史条件下，尤其是面对我国改革开放向纵深推进，各种社会理论对于人们思想意识领域的影响越来越凸显，加之西方所谓"和平演变"的策略攻势愈加强烈，坚持并强化社会主义意识形态的灌输十分必要且必不可少，这就要求我们在当前的国际国内形势下继续坚持马克思主义灌输理论[14]。正如列宁所言的，"为了避免资产阶级思想体系对于人民群众的侵蚀，我们不能盲目地高估了工人阶级进行无产阶级革命的自发性，不能使社会民主党在领导无产阶级革命上的关键作用缺位"[15]。

虽然时代在变化，社会在进步，科学技术带来了人们生产、生活方式以及思维方式的巨大变化，但是，灌输理论并没有过时，依然有坚持的必要。科学理论必须要靠后天的灌输及教育，不是每个人天生就知道事物，在任何时代，科学理论的灌输都是不可或缺的。如果忽视了后天教育，片面强调灌输无用论，极有可能出现教育自发倾向。

社会主义思想体系同资产阶级思想体系相比，还比较年轻，也没有拥有如同资产阶级思想武器那般强大的宣传机器，要想让社会主义的科学意识形态为广大人民群众所用，针对广大人民群众的社会主义灌输是必不可少的。人民群众的自我觉悟和政治意识是一种高层次的思想觉悟，不可能在生产生活中自动产生，而必须由其中先觉醒的先进分子借助一定手段进行灌输教育，才能使人民群众内在地产生政治觉悟和先进意识。

因此，科学社会主义理论必须要依靠灌输，通过灌输科学理论消除资产阶级思想体系的影响，使社会主义理论真正进入人的头脑，指导实际工作。对灌输怀疑，缺乏科学的指导思想，会造成人民群众思想的混乱。由此而言，尽管新的时代出现了新的社会面貌，对于灌输理论的重要性依然要有清醒的意识，同时灌输理论在实践中要不断得以发展，党要集思广益、群策群力以期寻求灌输与时代的发展相匹配，与人民的思想变化相适宜。

1.2.1.3 关于马克思主义灌输理论实质性的争议

马克思主义灌输理论的实质是什么，目前学术界主要集中在讨论其是一种思想政治教育的原则还是思想政治教育的方法。关于这一问题的争论也成为当前关于马克思主义灌输理论实质争论的主要关注点，其争议主要表现在以下几个方面。

第一，灌输是一种方法。赞同此观点的研究者认为，在社会主义的思想政治教育中，马克思主义的理论灌输是最基本、最常用和最有效的教育方法，而那些认为灌输只是原则而不是方法的错误观点，事实上歪曲了马克思主义灌输理论的实质与内涵，甚至与马克思主义灌输理论的本质背道而驰[16]。

第二，灌输是一个原则。对此观点表示认同的研究者们认为，灌输应是革命导师为保障无产阶级革命的开展，使人民群众的思想从资产阶级麻痹中得到解放，确立引导工人运动的正确方向，是为了解决这一系列重大的政治问题和重要任务所提出来宣传、弘扬马克思主义观点和立场的基本准则，它涵盖了思想政治教育的方方面面。灌输作为原则，要解决的是要不要灌输，而不是怎样灌输的问题。研究者冯淑慧在其研究中认为，首先，灌输在诸多关系到社会主义革命前途的政治问题思考和革命使命的领会中起着重要的作用，比如为工人运动指引方向、实现无产阶级政治思想的高度统一、免受资产阶级对人民群众的思想麻痹等。其次，灌输教育广大人民群众贯彻马克思主义理论的基本内容、政治立场，使他们从社会主义革命和建设主体的角度去遵守准则。从思想政治教育方面上来讲，灌输过程包括了灌输主体、灌输客体及其灌输应完成的任务等。基于这两方面的原因，革命导师才提出了灌输理论，并成功运用于无产阶级革命之中。"灌输在无产阶级运动中已成为一个原则，灌输的需要是毋庸置疑的，而不是所谓的进行灌输具体方法的改进"[17]。把灌输归结为一种方法，甚至造成灌输自身科学性的丧失，使得有些不明事理的学者以为环境和社会发展了就不需要进行灌输了，从而使堂而皇之断言马克思主义灌输"过时"的论断有机可乘。

第三，灌输可以作为一种方法，但更重要的是作为一种需要坚持的原则。在这方面国内研究者陈岸然提出了自己的理论观点："片面地认为马克思主义灌输是一种方法或者是一种原则，这是断章取义的行为，方法与原则两者是统一的，不能把它们分而化之，否则就是形而上学。"[18]研究者应从不同的角度和侧面进行分析，进而全面把握马克思主义灌输理论的重要内涵。基于思想政治教育的目的分析，灌输作为一种原则，而思想政治教育正是通过灌输来影响并改变人们的思想、立场、观念和价值观，提高人们的思想政治觉悟。要实现这一目标，思想政治教育者所惯用的方法就是通过以毛泽东思想邓小平理论为代表的马克思主义理论体系的科学理论来指导广大人民群众。另一方面上，从教育主客体的地位上看，灌输有别于自我教育、寓教于乐等方法，是一种"从外部采用说教方式向受教育者灌输马克思主义的基本方法，从这点上讲，灌输又是一种方法"[19]。

第四，灌输是思想政治教育的一种基本手段。作为基本手段，马克思主义的灌输指教育、宣传、影响、熏陶、输入、充实。它通过有计划、有目的和有组织的正确运用马克思主义来教育和武装人们的意识和头脑，帮助人们全面提高和发展综合素质，并树立起科学的人生观、价值观、世界观，从而提高认识世界、改造世界的能力[20]。

第五，灌输是一个动态实践的过程。对此研究者李军令的代表性观点是：灌输应是对思想政治理论及其他理论在意识形态上的宣传和教育，是一个动态实践的具体过程，不可与诸如"怎样灌输"等灌输手法同而论之，因为从根本上说灌输并非是进行整治思想教育时所采取的方法[21]。

第六，灌输是一种教育规律。中山大学郑永廷教授在《现代思想政治教育学》一书中将灌输概括为思想政治教育的一种规律。他主张科学思想体系不可能在人们头脑中自发产生，必须通过教育和学习才能获得，而灌输正是传统教育和学习的一种基本方法，尽管现在的社会历史条件不同于过去，但灌输原理作为一种基本教育规律仍具有适用性和科学性。从工人阶级的整体来说，它能够自主地不断地发展马克思主义理论，不需要从阶级之外去接受外部的灌输。但作为个体成员来说，马克思主义的科学世界观和方法论，社会主义、共产主义的理想，是不可能不教而知，不学而会，自发形成和确立的，一定要通过教育与学习才能掌握。所以，灌输是思想政治教育的一种规律，是人们掌握马克思主义理论，形成、发展社会主义、共产主义理想的基本条件[22]。

放眼国内外研究者对灌输的研究工作，一般的学者都赞同把灌输看作是一种原则而不是方法。如果把灌输与平常的教育手法相混淆，这不仅与马克思主义灌输理论的本质不相符，而且与现今思想政治教育的事实也不相符。

1.2.1.4 关于马克思主义灌输理论强制性的争议

马克思主义灌输理论有没有强制性？这在学术界颇具争议，观点不一。

实践反复证明，经过强制阶段和自觉阶段而获得科学认识的人，其思想觉悟会提高，这对于思想政治工作来说尤其重要。因此，不少研究人员指出，强制性是灌输所表现的一个特点。如学者陈岸然认为，灌输过程中被灌输者应听从灌输者，灌输者负责对被灌输者进行灌输，具有强制性；他主张要使被灌输者产生思想朝向的转变，这一过程必须依靠强制手段，因而强制就不能脱离灌输。"这一过程中的灌输极为重要，符合客观的规律，一些学科包括一般心理学、管理心理学能对灌输进行理论上的验证与支持"[20]。另外一些研究者还指出，在进行思想意识灌输的整个行为中要特别强调强化手法的应用，特别注意的就是所谓的"灌"。思想意识的灌输要主动积极，就必须对灌输者从外部环境进行强制灌输，进而影响到灌输者内在世界的改观。如果做不到这点，会任不良思想倾向牵着鼻子走。这绝不是思想政治教育工作者乐意看到的。

针对强制在灌输中所处的地位，有学者存在另外的看法。如吴君等学者认为不能只关注实施手段的性质，他们指出灌输的强制性特征不应简单地理解为实施手段上的强制性，而更多地是针对灌输行为的任务要求、指导思想、组织领导及保证措施的系统性、鲜明化及强化性而言的。同时，吴君认为，灌输必须拥有强制性，而这并不影响教育的启发性，两者不是对立的。"政治灌输必须拥有强大的群众基础，要实现强制的灌输必须遵从人民群众业已掌握的具有真理性质的思维，这样的灌输是科学性的体现，是启发性的体现"[23]。同时，为启发和提高群众认识世界以及改造世界的能力，灌输客观上为群众提供了科学的世界观和方法论的理论武器，这不仅是正确启发的基石，更为深入启发奠定了基础。何况灌输就是要与灌输客体的思想意识的进展相结合，对于人民群众所思所想要深入思考，所以灌输这一过程是灌输者与灌输客体两者统一在一个灌输系统中进行良性互动的过程，而非任意强制。

从灌输客体的外部进行社会主义灌输，这是列宁同志十分强调的。从外部进行灌输能交给人民大众马克思主义科学的世界观和方法论，并不仅仅向工人群众提供现成解答某些问题的结论。因此，有学者从"灌"字出发理解灌输，认为灌输必然具有强制性。这种理解是片面的。灌输是否具有强制性，是不能脱离灌输主体和灌输客体给出结论的。马克思主义的灌输首先带有高尚的目的，是为了灌输客体思想道德的提高和政治觉悟的进步而采用的，它选择了科学有效的灌输方法，在恰当的社会环境和政治状况下，启发性地不断提高广大人民群众的思想自觉性，因而马克思主义的灌输是基于灌输客体的灌输，是具有启发和引导的灌输，是排除强制性的灌输[24]。

不管是老一代的社会主义理论家如马克思、恩格斯、考茨基、列宁，他们在经典著作中在对"灌输"一词进行阐述时，都是以"输送"为本意，决没有赞同采取粗暴方式的"强塞硬灌"。将灌输与强制、封闭等同的观点扭曲了灌输的本义，这种扭曲会导致他人对灌输的误解与扼杀。科学社会主义思想在广大人民群众的意识中不是无中生有的，要依靠科学的灌输与指导去使广大人民群众完成思想与意识上的升华，这种启发和教育就是马克思主义者的"灌输"方法，它强调通过宣传、引导、启发和教育的方法，让先进的社会主义道德观、马克思主义意识形态与社会主义建设的科学理论被广大人民群众所接受，形成社会主义公民的行为、道德规范与准则[25]。国内学者李义民从掌握政权的阶级灌输主体与人民群众客体之间的关系这一崭新的视角出发，认为如果灌输执行者进行灌输的内容与被灌输者的正当需求达到一致，那么灌输活动就不应该被赋予强制性。符合人民需要的灌输，是人民会积极支持和赞同的，这种灌输本质上绝没有强制性。相反，不顾人民发自内心的需要，使人民得不到这些合理的灌输，或是对人民进行反向需要的灌输，都具有强制性。另外，强制灌输是剥削阶级才有的伎俩，绝不是马克思主义灌输的理论范畴。马克思主义灌输如果也依靠强制性才能进行，理论上这是讲不通的，社会实践上也是无法体现的[26]。

"从外面"灌输进去是否就一定是强制的，我们应该如何认识灌输的强制性是摆在我们面前的重要问题。日新月异的今天，强制性灌输往往不会有什么好结果，因为人们更加注重自我判断、自我选择，主体性在日益增强。因此，灌输在很大程度上取决于人们的主观意愿以及人们是否接受灌输。

最后，马克思主义者对于"强塞硬灌"这样的主张是坚决反对的。早在1887年，恩格斯就提出不要硬灌给美国工人阶级把革命理论当作救世的教条。在他告诫参与美国工人运动的德国工人阶级先进分子时尤其谈到，在社会主义的摸索过程中，要不断更新理论观念，教条化的死板硬套是行不通的。只有尽可能多地令美国工人阶级（在德国无产阶级先进分子的帮助下）通过自己亲身经历去体悟这些理论，去检验这些理论，尽可能少地只从外面把这些理论强塞硬灌给他们，这些理论才会越来越深入他们的心中[27]。

1.2.2 关于马克思主义灌输理论的几种热议论调

当前，由于对于马克思主义灌输理论的科学性和发展性认识还不够充分，学术理论界大面积流传着关于马克思主义灌输理论已经"过时""无用"，是临时"应急"等几种热议论调。伴随时代的变迁，马克思主义灌输理论理当被与时俱进地赋予新的科学内涵，作为理论本身也当进入到一个新的发展阶段。结合当代灌输行为的方式革新过程中紧密联系马克思主义理论的基本观点、基本内容，打破对马克思主义理论在灌输方面的错误论断，乃正确定位与研究马克思主义灌输理论之前提性工作[28]。

1.2.2.1 灌输理论的"过时论"

2004年海南省高等学校工作委员会（简称海南省高校工委）针对大学生对马克思主义理论的认识展开调查，结果显示：被调查的海南省大学生中持有"马克思主义过时了"观点的人数占总体的17%；而持有"资本主义有相当的生命力"观点的大学生占总体的24%；此外，还存在相当比例的大学生对于社会主义制度"没有清楚的认识"，占总人数的26.3%[29]。在理论界，主张马克思主义灌输理论已经"过时"的学者主要基于以下两方面的理由。

其一是刘世保在《重新认识理论灌输的科学性》一文中认为：在无产阶级革命意识觉醒初期和无产阶级夺取政权的斗争时期，以强势的灌输方式对文化层次较低、几乎没有自为意识的工人阶级进行思想政治和革命意识的宣传教育，确实收效甚佳且必不可少，如此才能发动最广大的社会基层群众参与革命斗争，最终建立无产阶级的政权。但是无产阶级取得国家政权以后，工农群众文化程度普遍提高、参政议政意识逐渐觉醒，尤其是在改革开放的社会格局下，用旧的灌输方式向大众传播主流意识已不合时宜[30]。

其二是有学者提出：社会主义市场经济要切实推进，平等博爱、公正自由的社会风气才能逐渐养成，抓好经济建设，是解决一切问题的关键。思想政治理论教育是如"空中楼阁"般的软任务，在务实的市场经济时代，马克思主义灌输理论已经过时。资产阶级政治家尼克松于1983年访问东欧以后，曾说东欧国家"和平演变的时代已经来临"，他认为在东欧社会中公民已经抛弃了共产主义的革命信仰，相比信仰上的坚持，人民群众更重视现实环境的改善，正是东欧社会中出现的实用主义思维造成了西方对东欧的和平演变，这一结论值得我们思考。

意识形态在任何时候、任何情况下都要坚守，因此，灌输理论并没有过时，共产党的党性与革命性要求其在任何历史阶段都要深入人民群众中传播与推广进步的社会主义思想。尤其身处在西方大国对社会主义国家特别是我国虎视眈眈的时候，我们一定要吸取东欧巨变的沉痛教训，坚持不移地在全社会范围继续进行马克思主义理论的灌输，以科学的马克思主义理论引领广大人民群众。除了马克思主义理论自身具有强大的科学体系，其还能在复杂的社会环境中得到不断的升华，马克思主义世界观、人生观是广大群众进行社会主义建设的思想法宝，其可以衍生出惊人的物质能量防止西方资产阶级思想的进攻与腐化，能够为社会主义确定方向，为市场经济良性运作引领护航[31]。随着"过时论"的宣扬，思想政治教育被逐步削弱，随之逐步侵入人脑的是资产阶级的腐朽思想，此现象将造成当今社会市场经济的过度自由化，导致腐败现象丛生，从而对社会主义现代化建设造成严重阻碍。毋庸置疑，在社会主义初级阶段，集中精力搞经济是必须的，但是经济发展也有方向问题，中国的市场经济不能单靠"市场经济"前加上"社会主义"这个限定词就能实现的。在目前复杂的社会环境中，尽快寻求使社会主义思想理论、社会运行机制渗透到人们的意识与行动中的正确路径，才能更快地推动市场经济与社会主义制度的完美融合。因此，正确的方向引导是市场经济与社会主义真正结合的必要条件。

我们党的一大政治优势在于马克思主义灌输的教育手段，这一优势在今后任何时期都不能丢弃。尤其是在市场经济大行其道的今天，片面追求物质利益、个人利益最大化的拜金主义、个人主义、利己主义倾向日趋严重，社会上出现了一些很严重的问题亟待解决，如人们思想信念的缺失，人生观、价值观发生了扭曲，道德阵地发生沦陷等。不断涌现的新困惑、新情况、新形势要求我们不能放弃灌输，必须施展马克思主义灌输理论的魅力，向社会成员做正面的思想教育。虽然时代在发展，科技在进步，社会在转变，但是马克思主义灌输理论仍然有它存在的价值，它非但没有过时，而且应当在当前的思想政治教育领域中占据重要的地位。

1.2.2.2　灌输理论的"无用论"

主张马克思主义灌输理论"无用"的人认为，马克思主义"从外面灌输"这一灌输手段，其本质是脱离现实的空洞说教[32]。

他们认为在无产阶级革命年代，广大无产阶级处于社会的最底层，受尽资产阶级的剥削和压迫，他们在物质匮乏的阶段缺少时间和精力，没有相关的基础知识，也没有高度的思想觉悟去投身于理论研究工作，因此要唤醒他们的自身觉醒和革命意识就必须采用各种方法，从外部条件着手，对广大人民群众进行马克思主义的思想灌输，提升广大人民群众的社会主义主人翁的责任感与使命感。当前社会历史条件已然发生变化，无产阶级的革命斗争要么已经取得成功建立了自己的政权，要么已经彻底失败向资产阶级妥协，无产阶级运动在全世界范围内陷入低潮。当代，国际社会在推进科学技术极大发展上不懈努力，所有一切使当代的人类接受到前所未有的世界文明成果，拥有学习科学知识与研究社会理论的极其有利的外部条件，"从外面灌输"的方式逐渐为人们所抗拒，所以有人就直指马克思主义灌输理论在当前已经"无用"了。这种论断从根本上说是犯了所谓"自发教育"的错误。人类文明的实践发展证明，人的教育是一种有意识的活动，并不是自发的，而灌输这一手段是这种有意识活动的基础性条件，如果在教育中不进行灌输，便会导致思想政治教育走上一条既无方向、又无原则的随意的道路。

当前，世界经济政治形势瞬息万变，已经开始进入历史发展变化的快车道。在相当程度上，各国当权者支配着全体民众的主观意识。未来二三十年，国家之间相互合作竞争、博弈较量的结果还很难预测。其中包括中国特色社会主义的崛起与世界社会主义运动的复兴，当然也不排除中国和广大第三世界国家的发展遭遇到新的更大的困难，世界社会主义运动陷入更大的低谷。但目前有一点是可以完全肯定的，即从最新一轮的国际金融危机爆发开始到 21 世纪前三十年乃至上半个世纪，整个世界格局都可能处于一种激烈动荡的状态，这是世界各类重大矛盾累积冲突的必然结果。在这种复杂多变的国际大环境下，对于人们思想意识形态的引导和控制尤为重要。正如温家宝同志所讲的：在国家困难时期，人民的信心比黄金更重要。通过科学的手段和人民喜闻乐见的形式将国家主导意识形态灌输给社会大众，使其内化并自动维护，是在复杂的国际思想浪潮中教化广大人民群众始终保持清醒的头脑，维护民族独立和团结的有力举措。

国际社会对中国发展道路和所取得成就的关注和认同实际上也就是对中国应用马克思主义灌输理论对人们的思想意识进行引导的认同。在其国家，尽管他们对灌输方式表面上极其批判，但在实践中无不巧加利用，只是方式比较隐蔽，往往是披上教育、宗教的外衣。可见，在当今时代，无论是中国还是其他任何西方国家，马克思主义灌输理论依然具有强大的生命力，灌输方式仍旧突显出巨大的适用性，是控制和引导人们思想意识的有力途径，也是保证人民拥护政权的思想武器之一。因此，对于主流意识形态的灌输，是任何社会发展阶段、任何社会形态都适用的，无所谓过时或无用之说。

1.2.2.3　灌输理论的"应急论"

在马克思主义灌输理论中持"应急"论观点的人认为，灌输在某一特定时期，如国内国际形势发生巨变，抑或面临经济危机的时候，是可以发挥其积极作用的[32]。

历史和现实的经验教训已经证明，无论社会怎样变迁、形势怎样发展，马克思主义灌输理论都将是一种应当长期坚持的有用理论。因为只有将人类文明的优秀文化成果深入持久地向人民群众进行正面灌输，人类文明才能更好传承；也只有将科学社会主义的社会意识形态和社会主义核心价值体系正面灌输给广大人民群众，牢牢占据社会主流意识形态的精神阵地，我们的社会主义现代化建设才有充分的保障。对此，邓小平同志在总结建国以来的成就和失败时曾有深刻的认识："教育，主要是思想政治教育，是十年来最大的失误，这个教育不单是指针对青年学生的学校教育，而是泛指对全体人民群众的教育。"因此，加强针对最广大人民群众的马克思主义的灌输并不是一种临时"应急"，而应当成为思想政治领域的一种"常态"。

如今，和平与发展成为时代主题，国际局势已由对抗转向对话，由紧张趋于缓和，但是，不同制度的国家其社会本质并没有发生根本性的改变，不同社会意识形态的国家力量之间依然存在着各种形式的斗争和较量。尤其是西方资本主义国家对社会主义阵营的敌视，他们企图通过和平演变消灭社会主义国家的阴谋从未消减。当今各国在意识形态领域的斗争愈发尖锐。从这一点出发，我们必须坚持马克思主义，必须更加重视马克思主义灌输理论的重大作用，通过灌输教育捍卫我们的思想文化阵地，阻止外来资产阶级腐蚀思想的入侵。一旦放松或者放弃马克思主义的理论教育，就会丧失群众对我们的支持，丧失我们已占据的社会主义意识形态阵地，这不利于我国社会主义事业的发展和社会主义精神文明的建设。因此，马克思主义灌输理论在当前的时代条件下应当成为一种常态的教育理论而不是临时"应急"。

总之，对灌输理论持否定态度的人认为，从理论上说灌输是错误的，从实践上说灌输是非常低效的。采用灌输的手段进行教育，其本质是强制、封闭的，用固定的教条向人们灌输，忽视了人们的喜好和需求，也在一定程度上制约了人们的主动性、创造力，禁锢了人们的思想，是一种强硬、僵化、无效的教育方式。

1.2.3 马克思主义灌输理论的研究述评

中西方学者传统上对于"灌输"这一概念的理解是不一致的，且差别较大。在英文的词源上"灌输"原意是指"用脚后跟踩进、压进、印进"，之后发展为"通过反复持续的说教使人无条件的接受某种思想或学说，它多少包含了借助一定的物质力量达到某种目的或结果的意思"[33]。如果根据这样的词源理解，"灌输"一词本身就包含着外在强制、强迫之意，具有强制性的特征，具体是指某种外部力量借助一定手段强迫他人接受特定的观点、思想或信念。而在中国的词源解释和理解中，"灌输"一词包含两层含义：其一，把流水引导到需要水分的地方；其二，向特定的对象输送（思想、知识）。对比可见，汉语词源中对于"灌输"内涵的理解要比英文的理解更加广泛和开放，且本身含有"疏通、疏导"之意，强制性也是有条件的。正是由于中英文上对"灌输"语义理解的差异，导致了人们在西方思想文化广泛影响的背景下，一旦涉及"灌输"时便潜意识地优先援引英文语义中的含义，也就是被预先设定了的含有强制性意味的"灌输"。而坚定的马克思主义者对此有清醒的认识，他们从"输送""引导"的角度理解"灌输"。由此，就造成了学术界对于灌输"必要性""有用性""强制性"的争论，其根源在于双方争论的基本出发点不一致。

当今学者竭力主张灌输过时、无用，实际上是基于对灌输强制性的过度理解，他们反对和批判灌输实际上就是反对灌输的强制性。然而在马克思主义理论语境中的灌输更倾向于中文语境中对于"灌输"一词的理解，即"灌输"泛指对特定对象进行某种思想、意识和观念的输送，在实践操作环节中表现出的所谓灌输的强制性仅仅是马克思主义灌输理论的一种特殊表现形式，它特指灌输者借助强制的方法，或者通过营造半强制性的环境迫使灌输对象接受某种思想、观点，这主要是针对灌输对象的特殊性而展开的。

马克思主义灌输理论所主张的"灌输"，并非仅仅是一种社会行为方式，而是特指在思想政治领域，灌输主体根据社会绝大多数人的根本利益，用符合社会发展客观规律的思想、理论和观点去教育和发动群众，唤醒人民群众的科学意识，提高人民群众的实践觉悟。西方学者大多将这层含义的"灌输"以"教育"一词替代，但他们对灌输与教育关系问题的研究同时也是非常细致和富有辨证性的：他们认为灌输在教育中是客观存在的，应当科学地对待教育中的灌输问题，避免和消除灌输的消极作用。

马克思主义灌输理论，其产生的社会条件是19世纪无产阶级争取自身解放运动，在这一大背景下，工人阶级自身无法产生并理解社会主义思想，这是由其所处的历史背景与自身条件决定的。因为在那个历史时代，工人阶级处于社会的最底层，文化素质低下，且忙于生计，既没有足够的时间、精力也没有足够的文化素质去主动学习或者研究科学社会主义理论。因此，在无产阶级与资产阶级的斗争中，无产阶级思想意识的觉醒主要靠外在先进思想的灌输，马克思主义灌输理论曾经发挥了不可替代的历史功用，不仅唤醒了无产阶级对于自身使命的认识，而且促使无产阶级由社会最底层、受尽剥削转而成为社会的主人，成为拥有最先进思想意识的阶级。可见马克思主义灌输理论无论是在无产阶级夺取政权还是巩固政权的过程中都发挥了关键性的作用。随着历史的进步，在和平与发展成为时代主题的新的历史阶段，工人阶级接受的教育与自身素质得到极大的提升，这不仅为马克思主义灌输理论的实践提供了良好的外部条件，更为这一理论本身的完善和发展创造了条件。

那种认为"灌输"违背了人们思想形成、发展的一般规律，甚至阻碍了人主观能动性发挥的观点是站不住脚的。从人类社会发展的一般角度上看：一方面，人的思想不是头脑中本身固有的，而是在反复实践中形成的，这种反复实践的最高理论形式便是人类精神文明，人类精神文明的传承客观上需要"灌输"，"灌输"保证了人们能够通过学习、教育等正面途径直接掌握在社会生活中所需要的直接或间接经验；另一方面，人的社会化过程也是以灌输贯之的，接受社会的"灌输"是任何一个人成为社会一员的必要途径。社会中的单个人，实践活动范围有限，理性思维能力也有限，对于社会发展趋势难以把握，此时，灌输就显得尤为重要。法国著名的教育学理论家与研究者埃米尔·涂尔干一语中的：社会培养公民的目标是要使公民做出对社会有贡献意义的行为，国家以及社会都渴望这种人承担起自己的职责，另外的情况是人们天生形成的一些原生性质和社会期望之间存在着巨大的差距，社会人格的养成要求人们要遵从公民社会的道德规范、行为准则，合格的社会公民要有合格的社会人格。尽管社会人格培养的过程是非常艰苦的，但这一过程是非常必要的。以上就是所谓的灌输，因此灌输是必须的[34]。作者认为，纵观整个人类社会文明的发展进步历程，社会大众不断接受前人精神文明的灌输，正是社会成员之间、代际成员之间对于众多灌输内容的传承，也正是这种灌输过程构成了社会历史的进步和人类文明的延续。因此，从社会发展的一般意义上说，灌输是必要的、有用的，应当被常态化的。

那种主张马克思主义灌输理论仅仅是在无产阶级的革命战争年代起作用，而在当前的和平年代已经"过时""无用"的观点不仅是站不住脚的，而且是有害的。从阶级社会的发展上看，对意识形态领域的灌输是任何统治阶级维护其统治的基本保证，不仅在夺取政权过程中需要通过灌输唤醒人民群众的意识，在建设政权时期更要通过灌输发动全体人民共同致富、致强。古今中外的历代统治阶级都非常注重向被统治阶级灌输思想意识，使代表其利益的思想观念和伦理道德等转化为全体社会成员普遍认同的公共观念和意识形态，以维护和巩固本阶级的统治。就像优秀的美国政治学理论研究者奥勒姆谈到的，"为了维持对一个国家的长久统治，每个国家的统治者必须采取某些维持政治稳定的手段，例如灌输给被统治阶层国家思想，使其现有政治体系与统治地位延长寿命"[35]。

苏联共产党的失败和中国共产党的成功，这正反两方面的经验和教训足以证明马克思主义灌输理论在社会主义政权建设中的必要性。在和平建设社会主义的时代，我们必须要一如既往地坚持马克思主义的灌输理论，才能彻底的从思想上对种种政治思潮有一个清醒的认识，团结广大人民群众积极投入社会主义摸索与建设的历史进程中，从而达到全国上下在意识上、组织上和行动上的高度一致，共同推进社会主义事业的发展。尤其是面对西方国家利用经济、政治、文化等途径宣扬、灌输资产阶级意识形态，在无形当中不断地侵蚀着广大人民的思想观念，导致 20 世纪 80 年代成长起来的一代人，在道德思维、行为方式、人生观、价值观甚至国家、民族的认同感上，较之他们的父辈都发生了巨大改变，这在很大程度上冲击了中华民族的传统价值观念和社会主义核心价值体系。在这样的情况下，我们更要牢牢占据意识形态领域斗争的高地，坚持以马克思主义灌输理论指导教育广大青年认清形势、辨明方向，坚决纠正"淡化意识形态"的倾向，科学合理地协调各阶层之间的内部矛盾，牢牢紧握主线让全国各族人民群众团结一致、和谐发展，才能巩固和扩大改革开放的成果。

根据前文之论述，在当前的历史条件和国际形势下，马克思主义灌输理论也没有过时，仍然具有实用性，应当成为一种常态性教育理论加以完善和发展。不过，马克思主义灌输理论在当前要继续保持其科学性和适用性，关键在于要根据灌输主客体地位的变化更新灌输理念，根据信息科学技术的革新及时变革灌输手段，根据人类文明成果的进步及时调整灌输内容，这也成为新时期马克思主义灌输理论研究工作者面临的新的课题。

1.3 研究框架与研究方法

1.3.1 研究框架

本书重点研究了以下几个问题：

一是澄清对马克思主义灌输理论的认识定位问题。对马克思主义灌输理论进行历史性考究，探索马克思主义灌输理论的理论渊源，明确其科学性与合理性，联系现实明确马克思主义灌输理论的科学内涵，深刻分析马克思主义灌输理论的时代特征和发展历程，论证马克思主义灌输理论是我们思想政治工作和教育工作的重要理论和方法，并且随着时代的变迁和社会的变革同样适用，但是需要随着时代和社会的发展而发展。

二是对马克思主义灌输理论的重要性与必要性问题进行研究。通过梳理马克思主义灌输理论在无产阶级思想政治工作中的历史地位，从而进一步指出21世纪继续坚持马克思主义灌输理论的历史和现实依据。

三是探索在当代理论发展和社会变迁冲击下马克思主义灌输理论的发展，这是本文的核心和主要创新之处，自由主义思潮、人本主义理论和现代传播理论的形成和发展对传统马克思主义灌输理论带来根本性冲击，同时灌输主体、客体和媒介的变迁也使得传统马克思主义灌输的方式和方法受到前所未有的挑战，解析当代马克思主义灌输理论面对理论和实践两个层面的冲击产生的发展过程和结果，对于更好地认识和使用马克思主义灌输理论是一个基础性工作。

最后分析了马克思主义灌输理论在当代社会条件下的实现方式。

总之，本书不仅阐述了马克思主义灌输理论在当代的理论研究误区和实践探索错误，试图指导思想政治工作者和教育工作者走出认识和实践误区，科学地坚持和使用马克思主义灌输理论；而且探索了增强马克思主义灌输理论本身的发展和发展研究，试图为加强思想政治工作、实现马克思主义灌输理论的当代价值提供着力点。

全书沿着下述思路展开：

首先，交代了作者研究马克思主义灌输理论及其当代发展的必要性和重要性，并明确提出作者全文所力图要解决的四大问题，即：澄清马克思主义灌输理论的基本内涵、分析马克思主义灌输理论面临的冲击、厘清马克思主义灌输理论在当代的发展、探索马克思主义灌输理论在当前中国的实现路径。

其次，综述国内外学者对于马克思主义灌输理论的研究，厘清了国内外关于灌输理论的几个争议问题和几种错误论调，否定了部分学者认为马克思主义灌输理论是无产阶级在自身某一特定历史发展阶段上必须使用的特定的一种教育方法的观点，批判了学界关于马克思主义灌输理论的"过时论""无用论""强制论"。

然后，回归经典作家原著，溯源马克思主义灌输理论的形成过程，探索分析马克思主义灌输理论的实质内涵和主要内容；同时在系统梳理中国化马克思主义对马克思主义灌输理论的继承和发展基础上，试图论证马克思主义灌输理论在当代中国不仅没有"过时"，反而愈加凸显其生命力；最后还剖析了马克思主义灌输理论对中国的影响，在总结其经验和教训的基础上，得出其对中国思想政治教育工作的启示。

最终，本书详细考察了当代理论发展和社会变迁颠覆了人们一味接纳的思维模式以后，马克思主义灌输理论本身的发展情况，分析了马克思主义灌输理论在当代中国的认同危机和下一步发展趋势，探讨了马克思主义灌输理论在当代中国的应用，尤其是马克思主义灌输理论在当代中国实现思路的创新和实现路径的探索。以期解决在我国社会转型时期，灌输理论如何发展、内容如何确定、主体如何明晰、方法如何运用等问题。

在章节安排上，全书共设八章内容：

第一章，绪论。包括选题依据与研究意义、研究综述、研究框架与研究方法、本文所要解决的主要问题。

第二章，马克思主义灌输理论的基本内涵及其对中国的影响。包括马克思主义灌输理论的基本内涵与形成过程；马克思主义灌输理论在中国的发展及其对中国的启发与教训等内容。

第三章，当代几大理论引发的马克思主义灌输理论的发展。包括自由主义思潮、人本主义理论、现代传播理论引发的马克思主义灌输理论的发展；当代几大理论引发的马克思主义灌输理论发展的结果。

第四章，当代社会变迁引发的马克思主义灌输理论的发展。包括灌输主体、传播媒介、灌输客体三个层面的变迁。灌输主体变迁引发的马克思主义灌输理论的发展，即灌输主体观念的改变引发灌输过程价值导向的变化、主体需求的改变引发主导内容的变化、主体地位的改变引发灌输效力的变化、主体力量的改变引发灌输实际结果的变化；传播媒介变迁引发的马克思主义灌输理论的发展，即传播媒介的变革影响灌输方式的革新、传播媒介的普及影响灌输内容的可得性、传播媒介的便捷影响灌输内容的迅即性、传播媒介的自主影响灌输内容的真实性；灌输客体变迁引发的马克思主义灌输理论的发展，即权利觉醒带来灌输主客体的对立，引发客体获取信息的主动性和对抗性、内在精神世界与灌输内容不相适应，引发客体接收信息的选择性、个体能力和条件限制，引发客体甄别信息的自发性、价值取向多元对灌输内容的渗透，引发客体消化信息的差异性。

第五章，马克思主义灌输理论的当代发展趋势。包括马克思主义灌输理论面临认同危机的原因分析，即多元文化冲击诱发人们的信仰危机、传统灌输方法制约传播主体创新意识、灌输主体意愿与受众需要不能达成共识、缺少与其他信息沟通方式的有效互动；马克思主义灌输理论的当代发展趋势分析，即中国化马克思主义理论体系形成，灌输理论需要转换话语体系，人类文明进步前所未有加快，灌输内容的创新和转换时效性强化、现代信息技术取代传统言传身教，灌输手段的调整和更新加快、主客体综合素质的相悖决定灌输效果，灌输主客体的互动化加强。

第六章，马克思主义灌输理论在当代中国实现路径的探索。具体包括灌输理论自身的完善与发展、灌输主客体素质的提升、灌输内容的丰富与创新、灌输方式的选择与更新。

第七章，研究结论与研究展望。

第八章，结束语。

1.3.2　研究方法

本书的研究以马克思主义理论为指导，从马克思主义灌输理论的历史考察入手，探讨马克思主义灌输理论的科学内涵；同时，依据 21 世纪复杂的国内国际局势，本着从历史到现实，从理论到实践的逻辑思路，对我国教育工作和思想政治工作中使用的马克思主义灌输理论加以研究和思考，进一步明确马克思主义灌输理论在理论和实践中的误区，明确马克思主义灌输理论的当代价值，进而探索马克思主义灌输理论当代价值实现的着力点，旨在从理论上澄清对马克思主义灌输理论的科学内涵及其当代价值的认识，在实践上加强贯彻马克思主义灌输理论的自觉性，增强思想政治灌输的实效性。

本书首先使用了比较研究的方法对当前学术界普遍存在的关于马克思主义灌输理论的争议进行了梳理，然后采用文献研究的方法溯源马克思主义灌输理论的形成过程、主要内容，厘清其基本内涵，最后采用了规范研究与实证研究相结合的方法，探讨了在当代社会理论和社会变迁冲击下，马克思主义灌输理论的发展。

比较研究：使用本研究方法旨在通过对比国内外学者关于马克思主义灌输理论的不同观点，分析这些观点的合理性与谬误之处，从而还原并论证马克思主义灌输理论本来的内涵。本研究方法将在本论文的第二章中集中应用和体现。

文献研究：该研究方法对本文的研究至关重要。文本研究是研究马克思主义基本原理和进行理论创新的基础方法。虽然马克思主义经典文本本身不能给当代社会发展面临的重大问题提供解答，但是经典文本蕴含了马克思主义的基本立场、观点和方法，结合经典作家所处的时代背景对经典原著深度研究，能够帮助我们正确理解和把握马克思主义基本原理的精髓。因此，研究马克思灌输理论，必须广泛收集马克思主义者有关灌输的相关研究文献，忠实于马克思主义基本理论的立场，并结合当前理论话语形态的变化和发展，还原马克思主义灌输理论的基本科学内核。本研究方法将在本论文第三章中集中应用和体现。

规范研究与实证研究相结合：由于马克思主义灌输理论的形成和发展过程始终是伴随着社会历史发展进程展开的，因此，既要采用规范研究的方法，在忠于马克思主义灌输理论基本观点、基本立场的基础上，理清这一理论的发展脉络；又要采用实证研究的方法，论证马克思主义灌输理论在新的历史条件下，面对各种社会理论和社会变迁的冲击仍然具有科学性和适用性，正是历史实践对这一理论的力证才使其拥有无限的生命力。规范研究与实证研究二者各有所长，在具体内容上又各有侧重，本研究方法将在本论文第四、五两章中集中应用和体现。

在研究方法的使用上，作者试图突出以下两个方面：一是注重理论文本研究，深入考察研究马克思主义灌输理论的基本内涵、时代特征等问题；二是注重实践研究，着眼历史和现实，分析马克思主义灌输理论的历史地位和当代价值，并指导实践扫清价值实现的障碍，努力实现马克思主义灌输理论的当代价值。

1.4　本书所要解决的问题

1.4.1　澄清马克思主义灌输理论的基本内涵

学者金鑫、张耀灿认为："灌输理论是马克思主义经典作家对思想政治教育理论做出的突出贡献，也是被国际共产主义运动和中国革命与建设实践证明了的先进的科学的理论。"[36]这一观点得到了我国大多数马克思主义者的认同。同时，作者认为马克思主义灌输理论无论是在无产阶级与剥削阶级的斗争年代还是在当前进行社会主义现代化建设阶段，都是科学的理论，这是毋庸置疑的，这是由其本身的科学内涵所决定的。一切否定马克思主义灌输理论科学性的观点和认识都是对这一理论基本内涵的误解。

近年来，在思想政治工作领域滋生了忽视、摒弃马克思主义灌输理论的苗头，致使马克思主义灌输理论一度成为众人指责的焦点，马克思主义灌输理论也被冠以生塞硬灌之名而陷入尴尬境地。自 20 世纪 70—80 年代以来，不仅在学术界流传着马克思主义灌输理论"过时""无用""应急""机械"等观点和看法，在实践界也出现了摈弃灌输，转而向所谓"尊重个体能动性"的"自为"求助，导致思想政治工作的效果不理想，我党思想政治工作的优势阵地被不良意识侵占，后果十分严重。因此，马克思主义灌输理论的价值实现既是一个重大理论问题，同时也是一个重要的实践问题。当务之急就是要果断澄清马克思主义灌输理论在当前的科学性和适用性，扭转人们对于马克思主义灌输理论的片面认识。当然这些认识是建立在对马克思主义灌输理论基本内涵的正确认识基础之上的。只有澄清了马克思主义灌输理论的基本内涵，才能从根源上解决人们对于这一理论的误解，指导人们超越认识和实践的误区，努力实现马克思主义灌输理论的当代价值。

作为马克思主义理论大厦的组成部分之一，马克思主义灌输理论在实际应用中往往容易被直接与灌输方式方法挂钩，然而具体的灌输方式方法仅仅是这一理论的组成部分之一，而且其取得人们的认可程度与具体使用这些方式方法的人相关，他们的个人失误往往就被归咎于马克思主义灌输理论的整体不合理。这是人们非理性的判断行为，犯了以偏概全的错误。马克思主义灌输理论的基本内涵不仅包括灌输的方式方法，还包括灌输前提的确认、灌输内容的科学、灌输主客体的实际情况及其灌输的根本目的和宗旨等。因此，必须正确界定马克思主义灌输理论的相关概念，准确把握马克思主义灌输理论的科学内涵，才能顺利开展与推进思想政治教育工作。

1.4.2　分析马克思主义灌输理论面临的冲击

21 世纪，世界正处在复杂而深刻的变化之中。经济全球化潮流势不可挡，各民族之间的跨文化交际越来越广泛，国家之间综合国力的竞争愈演愈烈，我国又正处于经济转轨、政治转型的关键时期，社会情况发生了更加复杂而深刻的变化。在新形势下，我国经济成分和利益多样化、社会生活方式多样化、就业岗位和形式多样化、社会组织形式多样化日趋明显，稳定的政治环境、多样的经济生活、丰富的文化娱乐以及多彩的生活方式直接影响着人们的思想观念、思维方式和价值取向发生变化，为思想政治教育工作带来很多新情况、新问题、新挑战。面对新世纪、新形势、新机遇、新挑战，马克思主义灌输理论面临着前所未有的冲击。

在新的形势下，人们的社会生活状况发生了深刻的变迁，人们的思想自主性大大增强，在一定程度上增强了人们主动接受灌输内容的抗拒力。同时现代心理科学的发展使人们对学习规律、人性特征的了解更加深入，这在更大程度上对灌输理论形成挑战；特别是近代行为科学的发展，使人们对自身的生理认识更加清楚，对学习规律的把握更加准确，也在很多方面对灌输方式的合理性提出质疑。此外，由现代信息技术引发的传播媒介的变革，从根本上改变了人们接受外来信息的方式，传统说教的灌输方式被各种多媒体取代，更加改变了灌输主客体的地位，人们接触信息的便捷性、传递信息的快捷性挑战着灌输方式的组织性、规则性。

因此，面对理论和实践领域的双重冲击，理论工作者和教育实践工作者应当同心协力，认真加以研究，寻求马克思主义灌输理论在保持其科学性同时不断完善和发展的有效途径，突破现实瓶颈。

1.4.3 厘清马克思主义灌输理论在当代的发展

当代社会环境和历史主题已经发生巨大变化，马克思主义灌输理论也随之发生了一些变化，这些变化是否改变了马克思主义灌输理论的基本性质，是否保持了马克思主义灌输理论的科学性是值得当代学者深入研究的重大理论问题。

作为灌输对象的自然人，随着社会变迁并不能天然地在头脑里产生对世界的科学认识，更不能自发产生改造世界的强大思想武器，这是大家都公认的事实。因为思维意识与真理认识不可能自行相互转化，科学的思维意识和理论体系是在吸收全人类先进文化和思想成果的基础上，运用科学的、系统化的方法对社会现实和实践活动进行提炼升华，进而进行理论加工的结果，这些科学的、系统的思维意识和理论既不可能自动产生，也不可能不学而知。另一方面，统治阶级一向注重对于全社会意识形态的控制，尤其是在当前经济全球化过程中，不同经济体共存、不同政治体交织、不同文化体交融带来前所未有的、全球化的异质价值观念碰撞，思想意识领域和意识形态的冲突，表现出前所未有复杂性，各阶级、利益集团都试图或明或暗地借助"灌输"使得本阶级、本团体的意识形态、思想观念成为最为大众化的、普适的公共意识形态。于是各统治阶级无不变通使用灌输法，只要对于宣扬自己的意识形态有利便加以使用，这其中不乏对传统马克思主义灌输理论的发展，但是更多地受到自由主义思潮、人本主义理论和现代传播理论的影响，扭曲利用了马克思主义灌输理论。在这种情况下，我们更要厘清马克思主义灌输理论在当代的发展，清晰论证当前哪些灌输方法真正沿袭了马克思主义灌输理论的基本内涵，发展了马克思主义灌输理论；而哪些又是借着马克思主义灌输理论的外衣为幌子，歪曲了马克思主义灌输理论。

在当前国际国内如此复杂的思想意识斗争情势下，我们要以"科学的理论武装人"，就必须以马克思主义的基本理论占领意识形态领域。这要求我们科学掌握马克思主义灌输理论，以此为思想武器引导人们自发分辨各种非马克思主义思想，这是我们新时期教育工作和思想政治工作的重要任务。因此，对于澄清马克思主义灌输理论在当代的发展应当成为教育工作者和思想政治工作者首先要研究的基础性问题。

1.4.4 探索马克思主义灌输理论在当代中国的应用

近代以来中国革命和建设的历史充分证明，只有中国化的马克思主义理论而没有别的任何理论能够解决当前中国思想政治教育工作面临的实际困难和前途问题。无论是在中国的民主革命战争过程中还是在进行社会主义建设过程中，每当民族和历史面临重大选择的时候，中国共产党始终凭借着对先进的社会理论和科学的社会意识把握，牢牢抓住精神阵地，引领革命和建设。在这一过程中，马克思主义灌输理论发挥了不可替代的理论功能和实践意义。正是马克思主义灌输理论的指引为全党和全国人民提供了强大的精神支柱，成为革命、建设和改革时期伟大事业不断取得胜利的根本保证。

回顾马克思主义灌输理论的产生背景和发展历程，我们不难发现，"这一理论在无产阶级的发展史上有重要的地位：它不仅是无产阶级完成其历史使命的基本保证，是保证我党思想政治教育正确方向的重要前提"[37]，更是培养社会主义接班人的重要途径，坚持马克思主义灌输理论成为无产阶级发展壮大的重要保障。即使在改革开放和市场经济建设的今天，尽管国际国内情势与经典作家的革命年代大不相同，但是实践证明，马克思主义灌输理论依然具有重大的理论和实践意义：不仅有利于加强和改进思想政治工作，更有利于先进的科学思想体系在中国进一步确立与深化，全面推进小康社会建设和社会主义现代化建设。

然而，马克思主义灌输理论在当前的认识领域和实践领域都存在着相当大的误区，人们混淆了灌输内容、形式、手段的变革与灌输理论本身真理性之间的联系，误将落后灌输方式的刻板性与灌输理论自身的科学性混为一体，大肆批判其僵化性、对主体的压抑性。但是这些状况是由于灌输主体素质和能力的缺失、灌输内容的滞后、灌输载体的陈旧、灌输方式的单一、灌输形式的呆板等原因导致的，这些或多或少地阻碍灌输理论现实价值的实现，但是并不能从根本上否定马克思主义灌输理论自身的科学性与适用性。

为此，我们需要在重新认清马克思主义灌输理论科学性的基础上，在当代历史条件下还原马克思主义灌输理论的基本内涵，并探索马克思主义灌输理论在当代社会环境下的发展。最后坚持在马克思主义灌输立场和原则基础上，完善科学的灌输内容，借助现代化的灌输载体、结合多种灌输手段优化灌输主客体素质，结合人类最新的文明成果完善和发展马克思主义灌输理论，以达到科学利用马克思主义灌输理论为社会主义建设服务的目的。

2 马克思主义灌输理论的基本内涵及其对中国的影响

马克思主义的思想政治教育是我党思想政治工作行之有效的重要的方法之一,其理论前提就是马克思主义的灌输理论。对马克思主义灌输理论的理论与实践渊源、形成过程与主要内容进行考察,不仅能使我们了解马克思主义灌输理论的来龙去脉,重新认识马克思主义灌输理论的科学性,也能使我们更加清醒地认识到马克思主义灌输理论的提出是由无产阶级思想斗争的客观实际所决定的。面对社会环境的变化和人们思想意识的更新,更加全面、深刻地理解马克思主义灌输理论,并将其用于改造人们的思想意识,继续发挥其在思想政治工作中的作用,是当代学者理论研究的重要历史使命之一。

2.1 马克思主义灌输理论的内涵与逻辑构成①

马克思主义灌输理论不仅是马克思主义理论大厦的构成部分之一,同时也是无产阶级开展思想政治教育的重要理论指导依据之一[38]。马克思主义灌输理论的初衷是对无产阶级进行科学社会主义的宣传与教育,其实质是运用马克思主义的基本立场、观点和方法唤醒人民群众的主人翁意识,武装人民群众的精神世界,使最广大的无产阶级群众认清自己的阶级利益和历史使命,把握社会

---

① 本部分详细研究成果见《马克思主义灌输理论的基本内涵及其对中国的启示》,发表在《社科纵横》2012(5)。

发展的基本规律，坚定社会主义信念，并为此而努力奋斗。

在马克思主义经典作家那里，灌输就是输送、注入的意思。主要指通过各种方法，不断地向工人和广大群众传输先进、科学的思想理论，同时将其原有的消极、落后思想去除的过程。然而，马克思主义灌输与马克思主义灌输理论是两个既有联系又有区别的概念。首先，马克思主义灌输是灌输主体在适当的时间和空间里有计划、有目的地传播党的先进思想、方针、政策以及科学理论知识，使灌输客体的思想得到新的洗礼，并使得灌输客体能自动过滤旧思想接受新思想的具体活动过程。因此，马克思主义灌输也可被当作是对无产阶级的思想、意识进行洗礼的一个动态的实践过程。然而，马克思主义灌输理论重点在于引导人民群众善于从本阶级的角度去发现问题、认识问题，认清无产阶级与资产阶级的对立，谨记无产阶级的历史使命。马克思主义灌输理论是马克思主义灌输活动的理论依据、理论概括，一方面它为灌输这一传输思想理论的动态过程提供实践动力，另一方面从为何灌输、如何灌输、灌输什么三方面为灌输这一动态过程指明实践方向。最后，灌输理论的发展决定了灌输活动的实践效果，反之，灌输这一动态过程的实践经验又丰富着灌输理论的内涵，两者相辅相成，并在相互制约、相互促进的过程中寻求着共同的发展。

灌输方法是指"有目的、有计划地向受教育者进行马克思主义理论教育，使他们逐步树立科学进步的世界观的一种教育方法"[39]。而灌输理论中主体、客体、内容、方法等这些构成要素，使得灌输理论成为了一个完整的理论体系。两者既有共同点，又有不同点。其共同点体现在：灌输方法的实施和灌输理论的应用，都要求在一定条件下确保灌输客体掌握科学先进的思想体系，二者的实现都需要依托灌输这一动态的实践过程。它们的不同点体现在：从认识论的角度出发，灌输理论这一概念属于人的认识论范畴，它的客观存在具有一定的必然性和合理性，马克思主义经典作家于不同时期不同地点都对其进行过精辟论述；从方法论的角度出发，灌输方法这一概念属于人的方法论范畴，它对于思想教育工作发挥着必要且积极的功能和作用，这已被无数的灌输实践所证实。因而，灌输理论强调理论层面；而灌输方法则更加强调实践层面。二者是内容和形式的统一。灌输的理论首先必须是经得起实践检验的理论，是理性的马克思主义的科学理论；灌输方法必须具有可行性，且在实践过程中要遵守客观规律。灌输理论不是硬塞、强灌这样的单方面注入，如果将灌输理论看作是一种与经济、行政教育方法类似的强硬手段，与启发、疏导等思想教育方法相对立的单线传输，就是曲解了马克思主义灌输理论。

灌输的重点、性质、内容，各个时代是不同的，随着时代和社会的发展，马克思主义灌输理论也是不断发展的，这是时代发展的基本要求。经典作家提出的政治教育、思想灌输等概念其涵义有相互包容、相互重叠的一面，也有相互区别、各有侧重的一面；在后来的马克思主义者的研究探索中，灌输理论纳入了最新的一些教育灌输理念和方式方法，但是其主要核心内容始终是一脉相承的。

马克思主义灌输理论是现代思想灌输教育的指导思想，是赋予现代思想政治教育以现代性和时代性特征的理论，是对当代思想政治教育灌输规律和特点的概括。当代马克思主义灌输理论自身是一个多层次、多因素构成的系统的互动过程，是一个整合运行过程。整体上说，马克思主义灌输理论的主要内容包括：由于任何先进思想意识都不会自发在人的头脑中产生，需要借助灌输得以实现；灌输的基本内容是人类一切的先进科学社会理论、先进社会政治意识甚至是一切优秀文明成果；基本方法是要将主体的外部灌输与客体的内在消化相统一；实质过程是主体借助一定媒介载体向客体传达内容，以对客体的心理和思维产生预期影响。

2.1.1　先进思想意识不会自发产生决定灌输的必要性

无产阶级革命家列宁曾说过，社会主义民主意识本不存在于工人阶级身上，因此要使无产阶级成为社会主义意识的拥护者，我们要从外部进行宣传和灌输，从其他国家的历史发展中可以看出，"如果单靠工人阶级的力量，他们只能孕育出工联主义意识，这种意识的核心思想是认为工人阶级要结成工会，要反抗工厂主等等"[40]。由于科学的思想体系不会自发产生，这就凸显了从外部吸取养分的必要性。

列宁认为，工人阶级由于一些客观和主观因素的限制，例如历史条件、知识结构和自身素养等，致使其无法意识到自己贫困的根源，他们也不会把本阶级的利益和社会政治制度看作是相关联的整体。因此，工人阶级无法参与到推翻剥削阶级的革命中。分析其中的原因，我们可以得出，科学社会主义它是指导无产阶级解放斗争的科学，是反映无产阶级历史使命和历史地位的科学。因此，科学社会主义只有在吸收人类优秀文化成果的基础上，同时总结工人阶级斗争经验，并通过艰苦的科学研究才能孕育产生。在《怎么办？》中，无产阶级革命家列宁引用考茨基谈到关于奥地利社会民主党的新纲领草案时所说的一段"十分正确而重要的话"：他表明只有建立扎实的科学知识，在这个基础上才能发展出现代社会意识，由此表明，社会主义意识不是从无产阶级的阶级斗争中产生出来的，而是由外到内深入到无产阶级的思想中的[40]。因此，先进的思想意识的产生只能依靠有经济基础或有知识背景的人，通过他们提出的哲学、历史等理论而形成[41]。

人们在对社会经验进行总结的基础上，结合前人的理论劳动成果，由此而形成了科学思想体系。由于受到自身主客观条件和实践活动范围的限制，人们在社会生活中所得到的知识是不完整的，有的甚至是片面的；在社会中生存，在社会中立足，那么人们需要通过多种手段和途径来获取前人的思想理论，掌握大量的间接知识和经验。在前人的思想成果中取其精华、去其糟粕，并坚定不移地贯彻马克思主义的灌输理论，能使人们培养共产主义理想信念、并掌握科学的思想体系。

当今世界两种意识形态：社会主义意识形态和资本主义意识形态。这两种意识形态和思想体系具有长期的对立性，此消彼长，一方的削弱意味着另一方的加强。而且，资本主义思想理论的产生比社会主义思想理论早很多年，在发展过程上，它得到了不断的完善，而且还有众多传播方式，这些都是社会主义思想理论无法与之相提并论的[42]。在社会生活的方方面面，我们都可以感受到资本主义思想融入其中。在工人阶级的思想和行动中，资本主义思想的影响尤为深刻，甚至在自发的工人运动中，也可以很明显地看到资本主义思想对其的影响。因此，我们必须加强科学社会主义意识形态的灌输和发展，并以先进的社会主义思想理论来武装工人阶级，从而抵御资本主义意识形态对人们思想的侵蚀。党的十七大指出：要积极主动寻找出有效的方法，使社会主义核心价值观成为社会思想发展的灯塔，同时还需要注意的是在思想意识上，要求同存异，但对偏离社会主义轨道的思想要坚决抵制。这便是马克思主义灌输理论的具体运用。

通过对社会主义灌输内容的理解，工人阶级才能提高自己的思想觉悟，建立起自己的政党组织，在解放自我的同时解放全人类。如果不进行社会主义思想理论的灌输，仅仅靠工人运动很难产生和发展科学社会主义，不仅如此，而且还会使资产阶级思想体系掌握控制权，就像无产主义革命家列宁所言，资产阶级和社会主义的思想是对立的。贬低或者否定社会主义思想理论，就会直接壮大资产阶级思想理论[41]。

2.1.2　科学社会理论和先进政治意识是灌输的基本内容

1843 年，马克思在其著作《<黑格尔法哲学批判>导言》中指明了科学理论和先进意识的巨大作用："批判的武器当然不能代替武器的批判，物质力量只能用物质力量来摧毁；但是理论一经掌握群众，也会变成物质力量。理论只要说服人，就能掌握群众；而理论只要彻底，就能说服人。所谓彻底，就是抓住事物的根本。"[43]马克思还指出："哲学把无产阶级当作自己的物质武器，同样，无产阶级也把哲学当作自己的精神武器；思想的闪电一旦彻底击中这块素朴的人民园地，德国人就会解放成为人。"[44]在这里，马克思从深层次上揭示了科学社会主义同工人阶级运动的关系。他认为科学社会主义同工人运动相结合是体现其价值的最佳途径。而工人运动要克服自发性，保证遵循正确的方向，就必须以科学社会主义作指导。这一观点也突出强调了科学社会主义和革命理论武装起来的工人阶级是一个觉悟性高的政党。当然，在科学社会主义与工人阶级运动相结合的过程中，灌输发挥了唤醒思想意识的工具作用。马克思将这种思想觉醒的过程比作"思想的闪电射向人民的园地"。

继马克思之后，列宁也在他的多篇著作如《什么是"人民之友"》《俄国社会民主党人的任务》中论及向工人阶级进行灌输的具体内容。这些内容概括起来主要包括以下几个方向：一是有关资本主义、资本主义国家政治经济制度的产生、发展、灭亡规律的理论；二是有关马克思主义剩余价值的理论；三是有关资本主义社会中工人阶级地位和革命作用的理论；四是有关阶级关系、阶级斗争的理论；五是有关革命斗争的道路、方向和目标的理论等。

2.1.3　外部灌输与内在消化统一是灌输的基本方法

在《俄国社会民主党中的倒退倾向》一文中，为了有效做好宣传教育工作，列宁主张依据俄国工人阶级政治觉悟水平层次，因材施教，有针对性地采取不同方法。对于政治觉悟水平较高的工人，重点放在使他们了解把握世界范围内民主正当的策略、政治、理论问题，满足他们政治上的崇高追求，提高他们领导俄国工人的能力；对于政治觉悟水平中等的工人，重点放在逐步提高他们的领悟水平，将社会主义和政治斗争的一般宣传同地方性的狭隘问题相联系，便于他们理解。对于政治觉悟水平较低的工人群众，重点则应放在对他们进行合法的教育，启发他们的阶级觉悟。从列宁的有关灌输的论述中，我们可以看出列宁注重将宣传工作和组织工作相结合，这是由灌输的目的决定的。灌输的目的是为了实现社会主义同工人运动的结合，因此，灌输工作就不能仅止步于宣传上，还要一边宣传一边组织，把理论工作和实际工作相融合。列宁认为，如果不做理论工作，也不向工人宣传科学社会主义的理论，就无法将工人团结、组织起来，进而无法担负起思想领导者的重任。因此，列宁倡导俄国社会民主党人"把社会主义思想和政治自觉性灌输到无产阶级群众中去，组织一个和自发工人运动有密切联系的革命政党"[45]。

马克思主义的先进社会意识和科学社会理论是马克思主义灌输的重要内容，而先进思想和科学理论并不能从工人运动中自发产生，而是少数先进的知识分子亲自参加革命运动后，对无产阶级的斗争经验进行总结，并在吸取前人的优秀思想成果基础上创造出来的。所以科学理论的传播只有从外在输入，由客体内在消化并接受。从学习角度看，灌输实际上是外部灌输和内在消化的统一，这包括两个阶段：第一阶段，科学理论被客体所认同和接受，并内化自己的思想意识；第二阶段，客体在实际生活中把这种思想意识自主自觉地转化为具体行为。显然，任何思想体系形成和发展都不是消极被动的过程，它受到主客观因素的双重制约，是灌输主体自主选择、自主认同并将其付诸行动的过程。这一过程中灌输能否取得理想效果则在相当大的程度上取决于灌输客体能否发挥其内在自觉性。列宁曾强调，马克思主义不同于其他理论，它不但以冷静的科学态度客观分析现有形式，还能够坚定不移地认可人民群众的革命创造力、革命毅力和革命首创精神的意义，更重要的是能巧妙地将两者结合。显然，列宁高度重视外在灌输和工人内在自主意识的一致性，他不主张采用生搬硬套的方式强迫使工人阶级接受科学理论，而是要通过切身体验理解掌握科学理论。

关于灌输的方法，列宁认为只用书本向工人阶级灌输科学理论的方法太单调，更好的方法是要将对工人阶级的教育融入到革命斗争中去。列宁主张：培养整个工人阶级成为帮助全人类摆脱一切压迫的战士是必须的，经常教育工人阶级中不断出现的新阶层也是必须的……但是工人阶级决不能把理论灌输变成空洞乏味的教条传送，不能只用书本教给人们纯粹的理论，更要让他们参与到日常生活和斗争实践中去，将理论付诸于实践[46]。当今社会，生产力高度发展，今日的灌输客体同列宁时代的客体相比，综合素质有了大大提高，出现了许多新特点。这一定程度上影响到当今灌输活动的进行，挑战着传统的灌输模式。时代在进步，灌输活动也要与时俱进，我们要清楚掌握灌输客体的时代特征，更新灌输理念，完善和创新外部灌输和内在消化相统一的灌输方法，使灌输理论永葆青春活力。

2.1.4 主体借助一定手段向客体传达特定内容是灌输的实质过程

从整体上看，灌输就是主体借助一定的手段和载体向客体传达特定内容，使客体的思想意识朝着主体所预期的方向发展。即马克思主义灌输的核心趣旨在于："一定的社会群体借助一定媒介载体，对其成员施加有目的、有计划、有组织的影响，将特定思想观念、政治观点、道德规范传达给对象群体，使他们形成一定社会、一定集团所需要的思想品德。"[22]

可见，主体、客体、媒介载体和特定内容是灌输过程的几大基本要件和构成要素，它们共同构成一个灌输流程的闭合环，是灌输理论的主要研究对象。在党的发展史上，思想政治灌输被奉为"传家宝"，在革命和建设事业中，建立和发展了具有中国特色的思想政治灌输教育体系，并形成了独特的优良传统，成为党取得胜利的根本保证和重要条件。但是以往学者对于灌输理论和灌输过程的研究，往往注重结果，忽视过程，导致对于马克思主义灌输理论的研究不够深入。因此作者认为，应当从灌输的实质过程入手，研究马克思主义灌输理论，重点剖析灌输主体客体的立场和需求变化、媒介载体更新对于灌输方式方法的变化、灌输基本内容的调整变化是研究马克思主义灌输理论发展变化的核心方面。

灌输的作用过程实际上是通过反复强化某些观念和意识，从而对特定对象的心理和思维产生影响，使之达到灌输主体预先设定的目的。因而，灌输的重难点实际上在于对灌输对象心理和思维的影响，反映在形式上则是对某些思想意识的接受和改变，而非表面上的对于某些话语的识记与转达。因此，研究灌输怎样对人的心理和思维产生影响是马克思主义灌输理论的又一侧重点。

综上所述，马克思主义灌输理论的基本内涵在于：灌输存在之必要性在于人类任何先进思想意识都不会自发在人的头脑中产生，需要借助灌输得以实现；灌输的基本内容是人类一切的先进科学社会理论、先进社会政治意识甚至是一切优秀文明成果；灌输的基本方法是要将主体的外部灌输与客体的内在消化相统一；灌输的实质过程是主体借助一定媒介载体向客体传达内容，以对客体的心理和思维产生预期影响。

2.2　马克思主义灌输理论的形成过程

马克思主义灌输理论同任何一种理论一样，都有其产生、发展、丰富、完善的过程。尽管对于马克思主义灌输理论的形成学术界颇有争议，但作者认为应当从历史发展进程上考察马克思主义灌输理论，即马克思主义灌输理论的形成是马克思主义者在马克思恩格斯的理论立场、观点、方法基础上，由考茨基明确提出，列宁在革命实践中正式形成和完善的。

2.2.1　马克思恩格斯的论述萌发了马克思主义灌输理论

以孙来斌、宋迎法、申锋、李桂娟、胡河宁为代表的大多数学者都认为马克思恩格斯的论述是马克思主义灌输理论最初的思想源头，重新梳理经典作家的相关论著后，作者认为这种观点是有据可考的，因而认同这一观点。

马克思主义灌输理论是随着无产阶级对于传播科学社会主义这一世界观的

客观需求而诞生的。马克思和恩格斯早年正是在向广大无产阶级传达科学社会主义的思想意识时最先表达了"灌输"一词的含义。马克思灌输思想的首次论述是在《〈黑格尔法哲学批判〉导言》中，此文发表于 1844 年 1 月。文中马克思从哲学的角度论述了先进思想对于无产阶级思想意识的作用。他认为无产阶级充当了哲学的物质载体，而哲学成为了无产阶级的精神能量。无产阶级要想获得解放，必须对精神思想引起足够的重视[44]。精神思想如何影响人民群众，并使他们得以苏醒，就需要从外面输入，这无疑可以理解为蕴含"灌输"之意思想的最初表达。

恩格斯对灌输的研究也由来已久，他注意到了共产主义运动中存在着不良风气，于是在 1844 年 9 月写给马克思的信中提到了"对不良风气灌输的担忧"[47]。这是恩格斯第一次明确使用"灌输"这一字眼，但他直接论述对社会主义思想的灌输则是在 1844 年 11 月发表的《共产主义在德国的迅速发展》一文中。恩格斯惊喜于德国社会中的共产主义发展速度的迅猛，画家许布纳尔有关西里西亚纺织工人的一幅画引起了他的关注与思考。他认为"这幅生动的画在宣传社会主义上能达到良好的效果，比革命宣传的小册子所起的教育指导作用要大得多，灌输成效显著得多"[48]。文中恩格斯提到的"灌输"一词就是"宣传"和"教育"的意思，与马克思"彻底击中素朴的人民园地"一样有从外面影响到人的思想之意，已经具备了后来马克思主义者所说的灌输之意。

在《共产党宣言》中，马克思、恩格斯清楚论述了科学理论对于无产阶级运动的意义。《共产党宣言》指出："共产党人在各国无产阶级政治行为中处于核心地位，是社会政治经济发展的关键动力来源；共产党人有着深厚的马克思主义理论基础，对无产阶级运动有着科学的认识，能够领导其余无产阶级群众进行社会主义革命与建设。"[49]共产党人要充分团结工人阶级，对其进行灌输教育使其把握历史潮流中的资产阶级与无产阶级对立的现实存在[50]。他们还进一步解释了向无产阶级灌输科学社会主义理论的原因，"在于薄弱的经济基础决定了思想意识的落后，工人阶级本身难以自发产生社会主义意识"[51]。这一现实要求共产党人需要对无产阶级进行马克思主义的思想改造，运用灌输手段进行科学社会主义的教育，最后唤醒广大工人的无产阶级觉悟。

1875 年，马克思在《哥达纲领批判》中指出：拉萨尔派破坏了党内培养已久的现实主义观点，而这种观点的树立是经过很大的努力对党进行灌输的[52]。

在第一国际筹建之时，马克思、恩格斯主张将科学社会主义理论作为指导思想教给工人阶级，突显了灌输的重要性。工人阶级有着庞大的基数，这是革命成功的一个条件，但是"这种优势要建立在工人群众在科学的马克思主义知识引领下团结一致"[53]。1880年，恩格斯在《社会主义从空想到科学的发展》中更是明确指出了向工人阶级灌输科学社会主义理论对于唤醒其阶级意识的重要意义："无产阶级要在马克思主义理论的指导下梳理社会主义革命的历史环境，切身体会到其革命的性质，在无产阶级运动的实践中把握好革命运动本身的条件和性质。"[54]

因此，就灌输理论的直接论述上，马克思和恩格斯并未在学术著作中进行过专门研究，他们对于灌输的思想和观点大多分散在不同的论战文章中，没有形成系统的关于灌输的观点体系，但是他们关于向无产阶级灌输科学社会主义理论的思想火花却无疑是马克思主义灌输理论的思想源头。

2.2.2 考茨基的贡献初步形成了马克思主义灌输理论

考茨基在马克思主义灌输理论的理论化和系统化上做出了重要贡献。1881年，考茨基结识了马克思和恩格斯，与他们进行了理论上的深刻探讨，并在各国共产主义政党的组建过程中发挥了自己出色的才能，他拥有良好的马克思主义理论造诣。

19世纪后期，随着无产阶级在合法斗争中的胜利，世界范围内的马克思主义理论教育有所放松，无产阶级淡化了对各种错误思潮的批判，沉迷在争取合法化的阶级斗争和议会民主的路径当中。摆在无产阶级政党面前的思想政治理论建设和组织架构建设的任务显得极其迫切。考茨基在仔细钻研马克思、恩格斯著作中关于灌输理论的诸多论述后，在1886年的《新时代》杂志上阐明了自己的观点，并由此大体架构了"灌输论"的理论框架。之后考茨基在1888年参与奥地利社会民主工党制订《海因菲尔德纲领》时表达了自己的灌输思想。他提出"灌输教育能对无产阶级产生极大的动力与号召力，主张深入到无产阶级群众当中进行政治地位与革命任务的灌输"[55]。1891年，考茨基参与了《爱耳福特纲领》的制订工作，在这一德国社会民主党新党纲中，再次表达了灌输思想。他认为无产阶级革命政党要充分认识到现实社会的大潮流，在进行一切政治活动时要充分体现其目的性，不应只是自发性[56]。

　　1901 年，伯恩施坦机会主义的论断受到了广大马克思主义理论家的反驳，考茨基也针对其错误的论点阐明了自己的态度。当年的德国社会民主党机关刊物《新时代》上可以找到他的文章。在引证《海因菲尔德纲领》的观点的基础上，他批驳了社会主义意识是在工人运动中自发产生的错误观点，他认为对无产阶级进行思想灌输是社会民主党的一个紧急任务，要使无产阶级明白其自身所处的社会地位和革命任务就必须灌输。除非在阶级斗争中无产阶级能够自发地形成这样的观念，否则这样的任务始终会摆在无产阶级政党的面前需要解决[57]。此观点得到列宁的高度认同，之后列宁对于马克思主义灌输理论完善的起点正是基于此，列宁称这段论述是 "一段十分正确而重要的话"[58]。考茨基在《新时代》上的撰文对 "灌输" 思想作了比较完整的表述，概括其要点我们可以总结出考茨基的灌输思想的主要观点。首先，他认为无产阶级需要无产阶级政党的引导，其自身不具有自发产生社会主义意识的能力；其次，他认为社会主义产生的先决条件是先进的科学知识理论，因此灌输活动需要良好的理论知识积淀；最后，他强调无产阶级政党要发挥能动性，将马克思主义理论灌输到无产阶级头脑中去。

　　由此看来，考茨基根据无产阶级斗争形势的变化，并紧密联系马克思、恩格斯的有关思想，初步形成了 "灌输论" 比较完整的理论形态。尽管其未深入系统地探讨灌输，但是他对于灌输的理论贡献初步形成了马克思主义灌输理论。

2.2.3　列宁的总结正式创立了马克思主义灌输理论

　　对马克思主义灌输理论贡献最大的是列宁，以至于国内许多学者将马克思主义灌输理论的创始人归功于列宁。作者认为列宁是在归纳其他学者的灌输理论的基础上，并同经济派的学者进行思想交战中，对灌输理论进行了加工和完善，最终使马克思主义灌输理论体系得以问世。

　　无产阶级革命先驱列宁在俄国经济派流行的时候，对灌输理论进行重申。经济派以伯恩施坦的机会主义思想作为他们的指导思想，对无产阶级政党的领导作用持否认态度，他们主张应该任由工人运动发展，这种言论使工人运动走向停滞，也使无产阶级革命面临失败。在《什么是 "人民之友" 以及他们如何攻击社会民主党人？》一书中，列宁用考茨基的话来重申自己的观点，他认为社会民主党吸收了工人运动和社会主义两者的特点，"工人应该将马克思主义理论作为他们的理论指导"[59]。文中明确指出要把工人运动和马克思主义的革命理论相结合，使工人运动的组织性、觉悟性得到提升，文中从几个方面论述了这一思想，包括科学社会主义理论的意义、工人运动自觉性，以及社会民主党的任务等诸多方面。

1897年，列宁在《俄国社会民主党人的任务》这篇文章中，首次明确提出了"没有革命的理论，就不会有革命的运动"[60]的著名论点，他强调，如今只有科学社会主义这一学说才能成为革命运动的主导思想。除此以外，列宁在《我们的纲领》《俄国社会民主党中的倒退倾向》《俄国社会民主党人抗议书》等文章中对"灌输论"思想进行了更深层次的阐述和发展，指出"只有革命的马克思主义的理论，才能成为工人运动的旗帜"同[60]。使"灌输论"这一思想日趋成熟也更加完善。

1902年，列宁在《怎么办？》中对国际工人运动以及俄国革命的历史经验进行了全面总结，同时也对"灌输论"思想进行了系统的描述。他指出，社会主义民主意识本身不存在于工人阶级身上，因此要使无产阶级成为社会主义意识的拥护者，我们要从外部进行宣传和灌输，从其他国家的历史发展中可以看出，如果单靠工人阶级的力量，他们只能孕育出工联主义意识[61]。科学社会主义理论只能依靠有经济基础或有知识背景的人，通过他们提出的哲学、历史等理论而形成。即使马克思和恩格斯，如果按照社会地位来划分，他们也属于知识分子这一行列，俄国也是类似的情况，社会民主党的理论也是由内部产生的，它是社会主义知识分子的劳动成果，而不是在工人运动中由工人自发产生的。由此我们可以得出，关于革命理论的产生，它是依靠具有较高知识素养的人来创造，然后再将它传播到工人阶级中，缺乏思想的传播，工人阶级自身不会天然产生革命的意识。

其次，如果工人阶级难以依靠自己阶级产生较为完整的思想理论，那么他们接受的思想则只能从资产阶级和社会主义思想中选择。贬低或者否定社会主义思想理论，就会直接壮大资产阶级思想理论。而且，资本主义思想理论的产生比社会主义思想理论早很多年，在发展过程上，它得到了不断的完善，而且还有众多传播方式，这些都是社会主义思想理论无法与之相提并论的。所以，一个正在萌芽中的社会主义运动，要强烈抵制所有的非社会主义思想。这就对科学理论必须要靠灌输的思想进行了更深层次的解释。

无产阶级的先进思想是由那些有高思想素质的知识分子和较高政治素养的人作为领头人，在对无产阶级的斗争经验中进行总结的基础上而得出的。科学社会主义的理论体系一经产生，并不能自动地为人们的思想所接受和理解，尤其是无法自动在无产阶级中传播。因此，列宁才会主张先进的思想意识"从外面灌输"是不可避免的，他看到了无产阶级迫于生计，并没有足够时间和精力在日常生活和生产过程中去关注或反省社会思想意识对于自身的作用，更加无法顾及自身的历史使命。为了唤醒工人阶级的自我意识和政治意识，克服短期行为的自发性，工人阶级必须接受从外面灌输的科学社会意识[62]。在当时的俄国，有不少的经济实业派人士呼吁通过工人的自由运动来反抗资产阶级，但是他们忽视了工人阶级自身的基本文化素质状况和现实生活状况，根本不可能有组织、有计划地团结起来对敌对阶级展开斗争，根源在于他们缺乏先进理论的指导，反而被资产阶级所利用和控制。因此在马克思主义者的理念中，一方面，工人运动的实践是科学社会主义产生和发展的必要条件，如果脱离工人运动，科学社会主义就缺乏实践基础，很难实现既定目标；另一方面，科学社会主义理论难以使工人阶级克服对自身阶级的依赖性，所以，向工人阶级灌输社会主义思想理论就显得尤为重要。

列宁分析研究了当时俄国革命所面临的情况以及社会民主党中的经济派关于工人自发运动的思潮，及时总结经验教训，得出了迫切需要向工人阶级灌输马克思主义和科学社会主义理论，以此来丰富他们的思想，提高其政治意识和思想觉悟，加强无产阶级政党对于工人运动的领导，抵制对于所谓"工人运动自发"的错误观点，以及贬低或诋毁社会主义的思想。因为资产阶级在任何时候都试图以各种方式不断侵蚀工人阶级的思想，达到使工人阶级慢慢向资产阶级靠拢的目的[63]。这也表明，在马克思主义灌输理论发源的时代，就是人们用先进思想战胜腐朽思想的重要工具。

根据以上的论述，如果要追溯"灌输论"的源头，那可以回顾到马克思、恩格斯两位经典作家的思想；如果从理论化过程这个方面来探讨"灌输论"，则考茨基是第一个提倡这一思想的；列宁则对"灌输论"进行了理论上的完善，同时也从实践运用、社会影响等方面丰富了这一理论。我们可以看到，正是这些一代又一代的马克思主义理论先驱的不断坚持和努力，"灌输论"才能发展成为马克思主义理论体系中极其重要的一部分。

2.3 马克思主义灌输理论在中国的发展

俄国社会主义革命胜利以来，"灌输论"逐渐被世界上其他的无产阶级政党接受与认同。作为马克思主义理论中不可或缺的重要组成部分，灌输理论在马克思主义中国化的进程中，对中国的社会主义革命和建设发挥了巨大的作用。马克思主义灌输理论所表现出来的先进性与科学性在中国共产党的思想政治教育工作实践中得到了充分的验证。中国共产党几代领导人都十分注重把马克思主义灌输理论科学地融入中国国情，使马克思主义灌输理论得到了极大的丰富与发展，最终形成了富有中国特色的马克思主义灌输理论。

2.3.1 毛泽东同志对马克思主义灌输理论的继承

中国新民主主义革命胜利后，中国加紧投入到富有中国特色的社会主义建设当中，在这个中国社会主义革命和建设的摸索过程中，毛泽东同志对中国当时的客观实际状况进行了仔细考察，在理论与实践有机统一的基础上发展了马克思主义灌输理论。主要体现在中国革命雏形时期的"农民运动讲习所"和延安整风运动时期以及建国后关于正确处理人民内部矛盾的论述中，中国共产党在毛泽东同志的带领下对无产阶级和人民群众进行不断的理论"灌输"，"灌输"的内容包括强化人民的马克思主义思想、树立正确的社会主义思想和坚定的共产主义信念，"灌输"的作用从指导中国新民主主义革命向指导社会主义建设转变，"灌输"的对象由原来的只针对无产阶级扩大到广大人民群众。

首先，毛泽东同志认为要想在中国复杂的社会环境中获得革命胜利，必须首先深入到人民群众当中开展马克思主义的灌输工作。这一点体现在毛泽东同志1938年的《论持久战》中，他立足于军队的思想政治工作现实，要求对战士进行政治灌输教育。毛泽东同志认为应该在全军之中进行科学的马克思主义的灌输教育，因为马克思主义灌输教育能够把干部和士兵紧密地联系在一起，最大程度地鼓舞军队的战斗积极性，使整个军队得以良好地运行，从而有效地发挥它的作战能力[64]。在这个基础上，毛泽东同志也指出了进行政治动员的必要性："政治动员必须先对作战人员与人民进行有关作战意义的灌输教育，以深入浅出的宣传教育使他们懂得打仗的必要性，以及打仗与其切身利益的联系。"[65] 1940 年，在《新民主主义论》中毛泽东同志指出："没有正确的政治观点，就等于没有灵魂。"他指出了马克思主义理论宣传的紧迫性，号召广大党员努力研究马克思主义列宁理论。马克思主义的宣传与研究，"不仅仅在中国革命取得社会主义阶段的胜利上有重要意义，还对民主革命取得胜利有深远的指导意义"[66]。在上述论点中，毛泽东同志实际上继承了马克思主义经典作家科学社会主义意识不可能自发产生的观点，主张要不断向人民群众从外面灌输正确的政治观点才能保证革命之胜利。正如他 1945 年在《论联合政府》一文中所谈到的，"理论灌输教育是党的所有政治任务的先决条件，是首先需要引起重视的；他突出强调了灌输教育在动员全党展开政治斗争中的核心地位"[67]。

其次，毛泽东同志主张在灌输的方式上要与各个阶段的具体革命实践相结合，防止本本主义和形式主义。这个主张体现在 1929 年《古田会议决议》中。毛泽东同志论述道，进行灌输要符合被灌输者的现实情况，而且要做到灌输程序的有序性。之后，毛泽东同志在 1930 年又对此有所强调，他认为除了研究马克思主义的经典理论，"共产党人还应当把马克思理论应运于中国的客观现实中，不能脱离实际，指出与国情不能融合的本本主义是不可取的"[68]。在后来的整风运动中，毛泽东同志在全党动员会上明确指出了本本主义的危害，他指出必须将马克思主义的理论、观点和方法论融入到具体的中国革命实践当中，推动具有中国自身特色的革命实践。在《论持久战》中毛泽东同志以"政治动员"的提法告诫了马克思主义灌输进行的诸多方面：政治动员要保持常态，不只是一两次；通过灵活的方式给群众灌输政治纲领，不只是背诵；灌输要与客观的战争局势状况，作战人员和群众的生活相结合，不能与此脱节。同[65]。毛泽东同志所使用的"政治动员"，从实质上讲就是"灌输"，同时他还强调了要反复通过这些具体的政治工作形式（如运动）来实现"政治动员"。在此后的革命斗争中，为了纠正当时存在的包括主观主义、宗派主义在内的各种"左"或"右"的错误，毛泽东同志完成了《矛盾论》《实践论》等一系列理论文献，他还亲自到抗日军政大学演讲。这些活动有效地把马克思主义理论"灌输"到全党，为抗日战争的胜利和新中国的建立奠定了思想基础。

再次，毛泽东同志将灌输对象的范畴进行了扩展，不仅仅是以往理论家认为的工人阶级，还囊括了农民阶级以至于全部的人民群众。毛泽东同志的这种思想在《新民主主义论》中有所体现，他认为共产党人不应局限于在工人阶级的范围内进行社会主义以及共产主义的知识宣传工作，还深入到农民和其他人民群众当中开展相关的理论教育工作[69]。新中国成立以来，对广大农民群众进行共产主义灌输工作显得尤为紧迫，毛泽东同志在《<中国农村社会主义高潮>按语》中强调了社会主义思想灌输在政治工作中的重要性，他认为灌输工作应该在广大人民群众中不断进行[70]。这些论述不仅继承了马克思主义灌输理论，而且初步开启了具有中国特色的马克思主义灌输理论探索的先河。

2.3.2　邓小平同志对马克思主义灌输理论的丰富

随着中国务实的社会主义经济建设的进行，邓小平同志有针对性地进一步发展了马克思主义灌输理论，开启了中国特色社会主义理论体系的新篇章，以应对资产阶级自由化的不良倾向对社会主义意识形态的侵蚀，防止西方资本主义对我们的分化。同时，经过十年"文革"的内乱，以邓小平同志为核心的党的第二代中央领导层更加注重对于青年一代科学世界观的灌输，在解决中国具体面对的新形势中进一步发展了马克思主义的灌输理论。

邓小平同志对马克思主义灌输论的丰富体现在多方面。

首先，邓小平同志认为广大人民群众需要科学的理论指导，因而深入其中进行社会主义的灌输教育是党的极其重要的政治任务，是实现社会主义现代化的保证。十年"文化大革命"的浩劫已经验证了这样的事实：即对人民群众进行思想教育是摆在党面前丝毫不能放松的工作。"文革"造成了部分群众的思想混乱，造成了一些群众对党的偏见。我们要对其进行马克思主义意识形态灌输教育，避免西方资本主义思想的渗透。深入人民群众的生活里，灵活地开展马克思主义思想灌输教育，是实现国家安定团结的重要举措，一刻不能放松。

邓小平同志在1979年强调了思想灌输工作对于中国实现政治经济发展具有的重要意义，并进一步指出了进行马克思主义灌输教育的原则和方法：中国的四个现代化要想取得成功，必须首先在对人民进行的灌输教育上以四项基本原则为准则[71]。他在总结国内十年动乱的基础上，指出这个阶段思想政治灌输教育的对象不够广泛，只是针对学校学生这一群体，忽视了对全体人民的马克思主义灌输教育[72]。之后，邓小平同志在 1980 年又指出，共产主义思想是建设我国社会主义的思想法宝；中国共产党作为执政党，肩负着社会主义改革和建设的重任，面对对外开放中错综复杂的国内国外关系，广大党员要继续发扬党的优良传统，更加重视对科学社会主义思想理论的研究与宣传；有了科学社会主义思想这一理论支持，社会主义建设才能在党的领导下、在人民群众的积极参与下有条不紊地进行[73]。

其次，在灌输内容和方法上，邓小平同志强调灌输要结合中国的具体实际，使用多种科学手段和群众易于接受的形式。邓小平同志反对照搬纯粹的理论，要求理论与实践相结合，他明确地指出在灌输马克思主义理论的过程中不能教条化，而应该在实践的过程中灵活运用，要把握它的基本原则，灵活使用它的基本方法，在社会实践中寻求解决问题的最佳途径，使马克思主义从中得以验证与发扬[74]。共产党要不断研究与应用马克思主义基本原理以及基本方法，在处理新时代面临的政治、经济、社会以及文化问题时，充分发挥党的先进理论的指导作用。我们党担负着推进中国特色社会主义事业和发扬马克思主义理论事业的双重任务，必须使全党的同志们齐心协力达到思想意识上的高度一致[75]。邓小平同志还特别谈到了具体的灌输方法，他指出在新的时代背景下党仍需保持优良的传统作风，党在思想政治教育工作中所面临的主要任务依然不变。但在时代大变革的客观条件下，党要注意解决问题的方式方法也应随之进行变通[76]。邓小平同志号召广大思想政治教育人员在马克思主义基本理论和原则的指导下，在社会主义建设事业中，发挥自己的聪明才智与社会主义建设的热情，对人民群众进行正确历史观、人生观的灌输，使他们对客观现实有一个科学的认识。只有广大人民群众拥护马克思主义基本理论与党对社会主义建设的领导，才能团结一致，意气风发，为中国的社会主义建设贡献自己的力量[77]。

再次，邓小平同志特别强调对于青少年科学人生观和世界观的"灌输"，这进一步明确了马克思主义灌输理论的对象和范围。邓小平同志曾在中共八大会议上明确提出对青少年进行灌输教育的重要性，他号召党组织认真做好对青少年的思想教育与组织引导工作，特别是青年团要继承共产主义的伟大精神，在对全体团员的思想教育工作中要贯彻马克思列宁主义的科学理论[78]。此外，邓小平同志还指出了对青少年进行灌输教育的目标所在，集中体现在他在1978年举行的全国教育工作会议上的发言。邓小平同志指出灌输的目标是要使青少年成为被马克思列宁主义先进理论武装的优秀人才，全身心投身到全人类无产阶级的革命事业当中。[79]他要求对青少年学生的思想灌输工作要从入学初始就要开始抓起，"马克思主义的思想灌输要贯彻在整个学习阶段"[80]。他还强调了社会媒体在这方面不能缺位，媒体要敢于承担历史使命，在灌输青少年的无产阶级觉悟，保障社会的安定发展中贡献自己的力量[81]。

在建设和改革的关键时期，邓小平同志号召全党和全国人民将马克思主义理论灌输与社会主义经济建设有机结合起来，强调丝毫不能放松向人民群众"灌输"社会主义的基本理论，要与时俱进，不断总结现有经验，创造新方法、新形式，确保社会主义理论得到更彻底、更广泛的灌输。这些思想为中国共产党在改革开放新时期坚持灌输理论奠定了理论和思想基础。

2.3.3 江泽民同志对马克思主义灌输理论的发展

在改革开放的成果日益凸显之际，马克思主义灌输理论也随着社会的进步而开始了一个崭新的发展进程。以江泽民同志为核心的党的第三代中央领导集体，继承和发扬毛泽东思想、邓小平理论，将马克思主义基本理论和社会主义科学意识的灌输工作成功推向了新的高度。改革开放的光辉思想，同社会的发展一道将该事业成功推向了新的高度。十三届四中全会的顺利召开，预示着改革开放事业在党和人民的共同努力下稳步推进，社会主义市场经济体制的建立也逐步完善，人们的生活水平不断提高，人们的精神世界也日益丰富，思想观念呈现出了多元化的倾向。江泽民同志对于新时期所面临的新情况、新问题有深刻的认识，他意识到马克思主义灌输理论的重要性，不仅进一步丰富和发展了其基本内容，而且将"灌输"对象从"一部分人"扩大到了"全社会"，将马克思主义灌输理论从学习到实践，从实践到发展，推进到一个崭新的境界。

首先，江泽民同志强调向人民群众灌输一元性先进理论是十分重要的。改革开放30多年来，新中国的经济蓬勃发展，人们的竞争意识、自我意识前所未有的觉醒，同时民主法制意识和开拓创新精神也得以极大提升。人们的就业方式、社会分工、利益分配等在市场经济的引领下日趋多样化，人们思想活动的独立性加强、差异性加剧、选择性增多、多变性日益明显，从而导致人们的价值取向更加多元化，思想政治意识有所松懈。江泽民同志指出，"马克思主义的指导地位必须毫不动摇的坚持和巩固，指导思想的多元化是不可行的"[82]，并强调"马列主义、毛泽东思想是武装全党、教育人民群众的根本思想基础，是保证全党紧密团结的根本思想基础，是带领人民共同奋斗的根本思想基础，也是维护社会政治稳定、长治久安的根本思想基础"[83]。

其次，江泽民同志将社会主义基本道德、社会主义优秀精神纳入到灌输内容中，拓展了马克思主义灌输理论的内容范畴。思想政治工作的本质就是将一个观念，一种价值取向渗透到人们心中，进而调动其自身的主观能动性去思考并转化这一思想。简单来说做人的思想工作，就是要改变人们的思想，转变人们的观念，更新人们的意识；江泽民同志强调"必须以科学的思想武装人，以正确的价值引导人，以高尚的情操塑造人，以优秀的品德鼓舞人"[84]。2001年1月，江泽民同志在全国宣传部长会议上，明确提出了要把社会主义道德纳入"灌输"的内容体系："一定要将马列主义基本原理真正灌输到全体党员和人民群众的思想之中，将建设有中国特色社会主义的崇高理想不断深入到全体人民的头脑之中，成为我们共同奋斗的思想要求和行为规范。"[85]此外抗洪精神、创新精神、创业精神、奋斗精神等在社会主义现代化建设中所涌现出的大量优秀感人事迹和精神也被纳入到灌输的内容体系之中。

再次，江泽民同志强调理论灌输要与解决实际问题相结合，在灌输方法上要借助先进手段并重视舆论的巨大作用。他指出："必须努力把理论和实践相统一，把理想信念和思想道德与人民群众的生产生活相结合。也就是说，理论武装、思想教育都不能脱离实际，不能脱离当前我国社会发展的现状，不能脱离人民群众的实际生活，因此，我们应该不断发挥理论灌输在群众工作和奋斗中的精神支柱作用，用群众喜闻乐见、生动活泼的形式，引导群众的思想认识。"同[85]。科学技术的发展日新月异，各种网络媒体也如雨后春笋般崛起，理论灌输的重要性已在社会生活的方方面面不断凸显。"必须毫不动摇地坚持对舆论传播的领导权和主动权。……弘扬爱国主义、深化集体主义、宣扬社会主义思想，……鼓舞人们团结协作、奋发向上。……更好地保持住网络宣传这一党和国家思想政治工作的极具影响力的新阵地……"[86]"适应当前社会主义的新形势，思想政治教育工作需要在继承中华民族优良传统的基础上，加强对大众传媒和文化设施的建设，采用群众喜闻乐见的方式深入浅出的进行"[87]。江泽民同志强调治国之根本在于"德"与"法"的相辅相成，弘扬"五四精神"为思想政治教育工作的开展酝酿了最好的状态，积极开展"三讲""四信"教育，广泛传播"四个如何认识"的重要思想，都为思想政治的教育夯实了基础，为思想政治的灌输指明了方向。

江泽民同志对马克思主义灌输理论的发展，主要体现在他所提出的一系列关于思想政治教育的思想，这些思想不仅继承和发扬了毛泽东、邓小平同志重视思想政治教育工作的优良传统，同时因时而变、因地制宜的提出了自己的新观点。这些思想揭示了人的正确政治思想不可能自发产生的深刻内涵，并强调要引导人们的政治思想必须要遵循其自身的客观发展规律，通过疏通、疏导来进行思想道德建设，确保正确政治思想的形成，人们普遍存在的思想矛盾需要沟通化解，而不能用强制的行政手段来解决，在丰富人们的物质生活的同时不断提高人们的思想道德素质，另外他把"灌输"客体由"一部分人"扩充到了"全社会"，由此，"灌输论"进入到了一个崭新的发展阶段。

2.3.4　胡锦涛同志对马克思主义灌输理论新境界的开辟

随着我党对于社会主义建设规律的进一步认识，以胡锦涛同志为代表的第四代中央领导集体对全党、全国人民的思想、理论素质的建设更为关注，强调要用科学理论武装人民，阐发了马克思主义灌输理论的系列新思想、新观点、新论断。特别是针对大学生思想政治教育，不仅提出了明确的目标任务，而且从组织上给予了保证。这无疑从理论和实践两个方面开辟了马克思主义灌输理论发展的新境界。

首先，胡锦涛同志指出思想理论建设是党的建设的基础和根基，思想意识形态建设工作关系到国家的前途和命运，执政党要高度重视意识形态建设工作。2000年11月，胡锦涛同志在中央党校发表讲话时强调"党的建设最根本的一点在于思想政治建设，而思想政治建设的核心在于理论建设……要对党的思想理论建设进行巩固与加强，最根本的是要坚持与巩固马克思列宁主义、毛泽东思想及邓小平理论在我党、我国的意识形态领域中的指导地位"[88]。

其次，在灌输方法上胡锦涛同志强调党的领导与理论学习是重要保障与途径。胡锦涛总书记于 2003 年 12 月的全国宣传思想工作会议上指出，"党掌管宣传与意识形态工作，这是我党长期实践里所形成的重要原则与根本制度，这是坚持党的领导必不可少的重要方面。这项工作必须始终牢抓，在任何时候都不可以动摇。各级党委对宣传思想工作必须自始至终高度重视，坚持'两手都要抓，两手都要硬'，对此工作改善领导并切实加强"[89]。此外还具体明确了以下措施：首先在工作体制方面，应该由党委统一领导，具体管理事项则交党政各部门与各人民团体共同承担、责任自负；第二，宣传思想工作的队伍建设及文化体制的改革工作都需在高度重视的基础上有切实的强化；再者，宣传思想与文化领域对应的法制工作建设也务必得到强化。

　　胡锦涛同志对理论学习工作极为重视，并针对加强理论学习提出了多项具体要求，"运用理论与发展理论要密切结合"，"改造客观世界，也要改造主观世界"及"学习理论以指导实践"[90]，等等。除此之外，还特别强调，一定要理论联系实际："要加强学习，就一定要联系党、国家的事业发展来进行，一定要联系认识、解决改革与发展中出现的新情况与新问题进行，一定要联系自身人生观与世界观的改造进行，一定要联系更好为最广大人民群众谋利益来进行。只有这样，才可以学得有效、学得深入、学得生动"[91]。

　　再次，胡锦涛同志将灌输的重点对象确定为大学生。他于 2005 年 1 月的全国大学生思想政治工作会议上指出，"切实加强和改进大学生思想政治教育工作，培养和造就千千万万具有高尚思想素质与良好道德品质、掌握现代化建设知识与扎实本领的优秀人才，使大学生们能够与时代同步伐、与祖国同命运、和人民共奋斗。实现这样的目标，对于确保全面实现建设小康社会、实现现代化、实现中华民族伟大复兴，都具有重大、深远的战略意义"[92]。他着重指出了向大学生实施"灌输"时应注意以下几点："要全面做好各项工作，在此基础上进行以下几方面教育：第一，要以理论信念教育为核心，进行正确而深入的人生观、价值观和世界观教育；第二，要将爱国主义教育视作重点，进行深入的民族精神教育；第三，以基本的道德规范为基础，进行深入的公民道德教育；第四，将大学生全面发展作为目标，进行深入的素质教育……"[92]

　　综上可见，马克思主义灌输理论极富活力与生机，是一个于实践中不断得到运用与丰富发展的科学理论。马克思主义灌输理论也离不开马克思主义者的不懈努力，正因为如此，它才得以成为马克思主义理论体系不可分离的有机组成部分。而在中国共产党的历届领导集体的具体实践中，马克思主义不但与中国具体国情相结合，创造出马克思主义中国化的两次历史性飞跃，也让其重要成分——"灌输论"思想得到了更充分的发展，从而令马克思主义灌输理论更趋完善。

2.4　马克思主义灌输理论对中国的影响①

中国共产党从建党时期到改革开放的新时期，一直都十分注重发挥灌输先进理论对于思想政治教育的重要作用。中国特色社会主义的理论体系是马克思主义理论成果与中国的革命和建设的具体国情相结合形成的。从马克思主义基本理论传入中国并得到共产党人的认可，到共产党人结合中国革命和建设的具体实践将马克思主义理论中国化，最后再将这一理论作为指导思想在中国得以全面贯彻，这些都是中国共产党高度重视并充分运用马克思主义灌输理论的结果。

马克思主义灌输理论在中国的应用，既取得了巨大的成效也有不少失误，可以说启示与教训并存。

2.4.1　马克思主义灌输理论在中国应用的启发

社会主义革命和建设的历史经验反复证明，中国之所以能够取得现在的成就，实现中华民族的复兴，在很大程度上正是得益于对科学社会主义意识形态的坚持，得益于将无产阶级的意识形态转化为全社会成员共同认可的公共文化和思想意识，而灌输则成为实现这种坚持和转化的重要手段。因此，马克思主义灌输理论对于中国革命和建设具有极大的启发意义。

第一，无产阶级在任何历史阶段上客观上都需要灌输。首先，无产阶级认清自己的阶级地位和历史使命，需要"从外面"灌输。历史经验已经证明，从无产阶级自身的觉醒到无产阶级历史使命的完成，对于科学社会主义意识的灌

---

① 本部分详细研究成果见《马克思主义灌输理论的基本内涵及其对中国的启示》，发表在《社科纵横》2012，（5）。

输都是前提性的基础工作，只有精神觉醒了，才能转换为更强大的物质力量。其次，无产阶级要始终坚持正确的思想意识教育方向，需要灌输。马克思主义灌输理论是主张有目的、有意识地将先进的思想、理论和规范传达给灌输对象，这些先进的意识形式保证了无产阶级的思想意识形态在不同历史阶段都能沿着正确的方向前进。再次，无产阶级培养合格的社会主义青年接班人，需要灌输。青年一代肩负着国家和民族未来兴旺的重任，将科学的世界观、人生观、价值观和道德观灌输给青年一代，才能引导他们健康成长，成为合格的社会主义现代化建设事业的建设者和接班人。

第二，灌输内容随着时代的发展应当有所更新。要注重科学理论内容的创新，保持理论的先进性和科学性，防止理论脱离社会现实，这是实现马克思主义灌输理论有效性的基本前提。在马克思主义灌输理论中国化的历程中，可以清晰地看到：在夺取国家政权的革命战争年代，马克思主义灌输理论以马克思主义基本理论，尤其是马克思主义革命理论为主要内容；而在改造国家政权的阶段，马克思主义灌输理论以马克思主义的阶级理论为重点内容；在建设国家政权，提升社会主义国家综合实力的阶段，则以坚持指导思想一元化、坚定社会主义核心价值体系为主要内容。可见，在无产阶级革命和建设的不同历史时期，马克思主义灌输理论的主要内容是在坚持马克思主义基本原理的基础上，不断更新和发展的，灌输内容的更新不仅成功开辟了科学社会主义理论发展的新境界，而且直接丰富和发展了新的社会主义精神文明。正是对灌输内容的更新和发展，才能够使马克思主义灌输理论面对时代的变迁始终保持其科学性。

第三，灌输手段随着科技的进步应当有所变革。中国共产党一直有注重创新灌输手段的传统和具体实践。毛泽东同志时代，中国共产党把灌输无产阶级革命理论作为宣传马克思主义理论的重点和取得革命胜利的重要手段，对工农的思想政治教育是我党思想工作的重中之重，农民运动讲习所和工人夜校都是当时共产党灌输马克思主义思想的重要形式；毛泽东同志还写了《实践论》《矛盾论》并发动延安整风运动来批判和纠正当时党内出现的主观主义、宗派主义和党八股错误。改革开放的新时期，针对国内重视经济建设而忽视思想政治教育的状况，邓小平同志及时强调我党要总结经验、创新手段，丝毫不能放松对社会主义先进理论的灌输，确保"坚持四项基本原则"，坚持马克思主义指导思想一元论不动摇。2004 年 8 月，国务院颁布《关于进一步加强和改进大学生思想政治教育的意见》（下称意见），意见分析了在当前的国际国内形势下，对人民群众进行思想政治教育面临的严峻形势和重要任务，并明确提出了要加强和改进对人民群众尤其是大学生的思想政治教育。意见还提出了加强大学生思想教育工作的指导思想、基本要求、基本原则、主要途径和方法。2006 年 3 月，胡锦涛同志进一步提出要树立正确的社会主义荣辱观的要求，详细阐述了社会主义荣辱观所包含的主要内容，体现了把爱国主义、集体主义和社会主义思想结合起来的时代特征和实践要求。

第四，灌输对象随着社会的变迁应当有所侧重，要注意灌输对象的思想实际，结合其个人的需要进行"灌输"。纵观整个中国革命和建设的历史过程不难发现，在不同的社会发展阶段和历史时期，灌输的对象是有所不同的。革命战争年代，由最初向工人阶级灌输科学社会主义意识扩展到农民阶级、小资产阶级；获得政权后更将科学社会主义意识的灌输对象是扩展至包括民族资产阶级在内的全体社会成员；改革开放以后，社会主义政治意识的灌输重点逐渐向青年侧重，直至在党的纲领中明确要求强化对于大学生等青年一代的政治思想意识的灌输。新中国成立以来，党的历届领导集体都适时利用一切时机和场合，强调灌输无产阶级政治意识和社会主义先进文化的重要性，其收效十分明显，使社会主义核心价值体系在广大人民群众心中生根，成功抵御了西方资本主义的思想入侵，进而保持了社会主义的基本方向。

回顾我党九十多年的发展历史和新中国六十多年来的建设成就，正是对于马克思主义灌输理论的坚持、丰富和发展，保证了我党通过灌输自己的意识形态渗透到社会公众之中，使最广大的人民群众在思想上普遍接受社会主义意识形态和社会主义核心价值观念，从而为取得社会主义革命和建设的胜利奠定了基础。

2.4.2　马克思主义灌输理论在中国应用的教训

尽管在马克思主义灌输理论指导下，我们通过强化社会主义意识形态的灌输教育，始终保持着正确的社会主义基本航向，但是在这一过程中马克思主义灌输理论本身却也经历了诸多质疑。特别是新中国成立以后，在极"左"思潮的影响下，思想政治工作和教育实践中出现了关于灌输的种种极端错误倾向，不仅导致理论和实践工作者陷入迷惘，也使马克思主义灌输理论本身遭遇了前所未有的挑战。

第一，超越灌输对象当下的思想觉悟水平，忽视灌输对象的主体作用和主观能动性，使用"强输硬灌"的方法向灌输对象灌输已经被教条主义理解的、脱离实际的纯粹理论观点。灌输主体把灌输对象当作可以随心所欲任意摆弄的物品，认为灌输效果与灌输对象的意愿无关，而与灌输的强度和时间长度成正比，只要坚持对灌输对象进行灌输，即使在灌输对象主观不愿意的时候也取得一定效果。

第二，灌输内容单一僵化，排斥与其他理论观点的交锋和融合，造成禁锢人们思想的表象。这在"文革"期间表现得十分突出，"理解的要执行，不理解的也要执行"，批斗无时不在，压制甚至无情打压具有不同学术观点的同志，致使人人自危，如履薄冰。这直接影响到之后许多年人们对于灌输的误解，灌输使得人们莫名地反感，甚至被一些同志看作传统思想政治教育的万恶之源，欲革之而后快。这种对灌输的认识无疑是过分否定，走向极端。

第三，灌输手段多为填鸭式、行政命令式，教条化倾向明显，缺乏真挚的情感投入和交流。灌输主体呆板的说教，甚至采用行政或经济手段，将灌输对象看成被动服从的承受者，既不敢理论联系实际，也不敢联系灌输对象的实际工作，更别说从理论中发掘指导解决实际问题的方法。灌输主体形式地将理论作为完成任务的手段，不顾灌输效果，进行填鸭式、命令式、教条化的说教，而不实事求是地教导灌输对象用马克思主义的立场和方法思考解决实际问题。

上述错误的认识与做法，实际上是将马克思主义灌输理论静止化，没能全面理解其内涵和实质，从根本上说，这是与马克思主义灌输理论的本质相违背的。长期以来，之所以思想政治理论教育领域会把"灌输"演变成生塞硬灌，就在于思想政治教育者自身就缺乏完善的理论认识，没有深刻地把握马克思主义灌输理论，所以无法深入浅出地阐发各种理论，使理论难以发挥自身的独特魅力。这样也难以激发受教育者的学习激情，从而使理论灌输变成空洞乏味的说教。

3　当代社会理论引发的
马克思主义灌输理论的发展①

思想理论灌输作为政治统治和社会管理的一项必要补充，在历史上的每一个时期和每一个国家中，都为统治阶级所普遍采用。然而随着近代教育理论、心理学科的发展，马克思主义灌输理论的合理性受到了前所未有的冲击和质疑。理论界不仅存在着一股严重的否认思想灌输教育的倾向，而且某些清楚认识思想政治教育重要性的同志往往也认为灌输是不可取的方式。理论的发展本身就要不断经历冲击、挑战，从而自我完善，增强其科学性。当代自由主义思潮、人本主义理论和现代传播理论的发展冲击着马克思主义灌输理论使其得到发展。

3.1　自由主义思潮引发的
马克思主义灌输理论的发展

自由主义政治思潮长期在西方政治经济和文化生活中居于主导地位，改革开放以后大肆在中国传播，并渐有流行的趋势。自由主义思潮在西方各种政治思潮中体系最为完备，它经历了古典自由主义、现代自由主义和新自由主义三个阶段，代表人物有亚当·斯密、哈耶克、弥尔顿等，基本理论观点包括：自由至上、有限政府、多元宽容、平等正义等。自由主义理论是当代各种流行思潮共同的理论基础，使马克思主义灌输理论从理论根基上受到了极大冲击。

---

① 本部分详细研究成果《马克思主义灌输理论的当代冲击与嬗变探析》见《科教导刊》，2012，（14）。

3.1.1　自由至上说质疑灌输理论的合理性

按照西方教育的传统理念，灌输与教育基本同义，人们较长时期以来总是在灌输与教育之间划上一个等号——灌输就是教育，教育也就是灌输，要实现人的社会化，必须通过教育，也就是对知识与道德的灌输。参照历史，我们也可以看出，灌输存在于各个社会的教育中，在灌输教育的初期，人们并不认为采取灌输的教育形式有什么问题，但灌输与教育的伴生关系终归不因他们的密切联系得到人们的认可。随着社会的发展，进入封建社会以后，灌输这项功能才逐渐受到封建专制体系的青睐，显示出一定的"强制"涵义，这是涌现在中西方思想理论灌输过程中的一个共同特点。然而这样的"强制"不但没有被抵制，反而成为阶级社会中对人民进行教育和思想控制的主导形式，具有自上而下支配的地位，在当时也被下层民众普遍接受。尽管在17世纪后期，人们赋予了教育"自由"与"民主"的特征，但这些特征终究没有动摇"强制"这个基础，因而灌输仍然与教育保持着极密切的联系。

学界有一种较为流行的观点认为，马克思主义灌输理论是马克思主义者针对19世纪无产阶级受到资产阶级剥削压迫，完全没有人权与自由的情况下，先进的科学社会主义理论和反抗斗争政治意识必须要通过部分已经觉醒的、社会精英的传播、灌输才能唤醒麻木的、处于社会底层的民众而诞生的。这种理论在当时的历史条件下，符合无产阶级革命斗争的需要，是具有合理性的。同时，灌输的本质含义是教育和宣传，即将外在的知识和思想输入并强化在灌输对象的大脑中。随着无产阶级历史地位的变化，人民群众的文化水平、政治觉悟、民主水平大大提高，西方自由主义所倡导的"人本自由"思潮极大影响到了人们的思想。不少人认为，既然人是生而自由的，那么天生就有权力选择是否接受灌输，包括对灌输主体地位的承认、灌输内容科学性的认同、灌输方式方法的接受甚至灌输结果的消化等。这在很大程度上质疑了马克思主义灌输理论存在的合理性。

西方自由主义者所持有的关于自由的主要观点是，首先，自由是人的本质属性，它具有高于一切的性质和特点："自由的理念在所有价值理想中至为宝贵——它在人类生活中至高无上，是统御一切的法律。"[93] 其次，单个的人是组成社会共同体的基础单元，他们的自由是其追求个人价值和获得幸福的重要保障，因而自由是人的意志的体现。"市民社会里的每个人都视自身为目的，而视其他一切为虚无"[94]。自由的定义是，"每个人按自己的途径去追寻自身的幸福，唯一的前提只在于尊重别人以同样原则寻求同样的目的"[95]。第三，自由是权利的基础，没有自由，就没有权利。自由就是"个人基于人性而拥有的唯一且原始的权利"[96]。著名政治家威尔逊曾言："所谓政治自由，是指被治者令政府符合其需求与利益的权利。"[97]自由状态下的自由权利是其他所有权利的根本。没有自由，其他一切权利也就没有了实现的基础，从而也就无任何权利可言。我们可以想象，任何个体的自由权利一旦遭到剥夺，必将导致他（她）财产权、健康权甚至生命权等各项权利接踵而至的丧失。因而，自由是人类社会的终极价值，务必得到保障。哈耶克曾大声疾呼，理想社会把一部分人对其他人的强制"压缩到最小"[98]。

自由主义者将自由与强制对立，泛化到思想传播领域，就自然对应了马克思主义灌输理论的强制性。拥护自由主义的人批判马克思主义灌输理论对人性自由的压制，有人就呼吁"自由的力量极为可贵，它一旦隐匿，宗教衰退为单纯的奴性的服从，科学成为机械的教条，艺术失去创造的灵性，财富的源泉干涸，人类生活降低到动物的水平"[99]。19世纪以来，随着社会变革，"民主自由"的概念影响了灌输的定义，令其逐渐和知识、教育分离，而与政治意识形态传播联系，由此产生了教育界与政治思想界针对灌输合理性争论的历史分野：以帕克和杜威为代表的西方教育学家将强制、灌输与专制教育联系起来，批判灌输压制了人的理智和质疑精神，压制了人生而具有的自由；而政治家们则从政治意识形态引导和控制的角度，力挺灌输理论的合理性和适用性。

两者的争论旷日持久，即使同样围绕"自由至上"这一分歧点，也是各执己见，根本原因在于两者对"个人"与"自由"价值理解的出发点不一致。对比西方自由主义者和马克思主义者关于"个人"与"自由"价值的理解，我们既可以发现其共同点，更需要把握其根本的分歧：两者都把自由当作自己的核心价值和最高理想，不同的是西方自由主义者提倡的人是抽象的、绝对的、超阶级的，自由被重新定义为"与任何一切政治经济关系都无涉的自由，脱离了社会关系的人的自由，是理论且抽象的"；这点马克思主义者并不认同，在马克思主义理论体系中的人是具体的、历史的、阶级的，自由是"具体的、现实的、处于一定社会政治经济关系下的自由"。因此，马克思主义灌输理论主张的对于人的思想灌输，与自由主义者所批判的思想灌输本质出发点不一样，他们不是在相同视域和相同出发点上针对相同对象的阐释，因此，自由主义的思潮尽管对马克思主义灌输理论的合理性提出质疑，但是由于其理论立足点的不同，并不能动摇马克思主义灌输理论成立之根基和适用之效果。无怪乎美国德克萨斯大学教育学院院长皮皮滕格（B. F. Pittenger）在其所著的《美国民主中的灌输》中高度肯定灌输对于民主概念在美国社会形成中的积极作用：由于过去长期对灌输概念进行批判，导致了对该概念的厌恶，然而对民族的忠诚及民主价值观的形成均是通过灌输才得到的；这说明，灌输利于美国社会中民主概念的形成[100]。

3.1.2　有限政府论挑战灌输主体的权威性

灌输主体是指践行灌输理论的具体行动者和组织者，是灌输活动的主导力量。由于民主具有人人有话语权的内在要求，致使灌输主体的权威性受到越来越多的挑战。而马克思主义灌输理论的顺利和有效实现的前提就是要求灌输主体必须具有威信。正如政治上所讲的"统治者统治必须具有威信"，灌输者对灌输对象进行理论和思想的灌输必须具有威信，这是灌输主体进行灌输的最有效的资源之一。在社会政治思想领域，最主要、最大的灌输主体莫过于执政党，其他灌输主体多是出于执政党授意或委派的，在自由主义思潮中，执政党统领下的"政府应该是有限的"，它的存在是为了保障公民的权力，缓和社会冲突，维持和谐的公共秩序，实现正义，保障自由；执政党是实现公共利益保障个人利益的组织和工具。也就是说作为国家的代表，政党的存在是为实现公民的目标提供条件和环境，而不能干涉公民的思想自由和过分约束群众的行动。这种观点实际上在很大程度上影响了执政党或者执政党授意者在思想理论灌输过程中的权威性。

古典自由主义的观点认为，政党集团的权力过大将会威胁个人自由，因此主张执政党集团及其组建政府的权力必须受到限制。英国《布莱尔维尔政治学百科全书》定义了自由主义主张的政治权威的基本原则：政治不是天然就存在的，是人类行为造就了政治，政治权威也一样是被人们商定出来的，并且，理性对于政治来说，是以一种消极因素存在的，否认理性对政治提供积极的目标。因此，在自由主义者看来，政党向人民灌输思想政治意识，只能起到消极的作用，他们认为国家的存在是邪恶的，应持谨慎警惕的态度，即使道德最高尚的党员或官员也难以完全顾忌人民的利益，他们主张，合法的政党肯定是受到了有效的权威限制，并且这种对权威的限制是亘古不变、必不可少的[101]。

当代自由主义者进一步修正和发展了古典自由主义的观念，在认为执政党及其所组建的政府是自由的威胁应加以限制的同时也承认了执政党领导的政府积极有效的一面，因此也开始主张执政党及其政府要积极作为。杜威认为必须对权利的范围加以控制，因为权利具有侵蚀性，人类对权力的奢望随时都能够被唤起，国家的本质是以权威为基础的权利但这种权威不适宜用来推动文明的发展；密尔则主张，在自由的社会之中，理想的自由政府必须能保证所有公民共同享有自由。美国前总统罗斯福比较全面地提出了国家干预社会经济、保障人民自由的观点和主张，他认为自由若是要继续生存下去唯一的办法是：一个强大到足以守护和捍卫人民利益的政党，人民要对执政党的统治具有无比的信赖。自由需要人民"对政府保持至高无上的统治"，需要把一切权力移交给"对人民负责的政府"[102]。

尽管现代自由主义者主张执政党积极作为，但是更多的是从执政党及其政府为经济发展、人民自由提供保障条件这方面出发的，并不是真正主张由国家来主导国民经济发展，担负社会发展历史责任。因此，在自由主义那里政府既有限又有效，但本质上是有限的。它的有效性只在危机时刻发挥作用，常态情况下，人们对于执政党及其政府的承认程度就是有限的，甚至感受不到政府权威的存在，这也是西方国家多党轮流执政的理论根源之一。因为没有一个固定的政党强大到能够得到全体人民的共同支持和拥护，不具有权威性。权威是人们心理上对于某个对象的依赖和信服，如果执政党的权威被削弱，那么所要倡导的主流意识形态如何被群众所认可？长远来看，由于思想政治工作是执政党群众工作最强大、最为有效的武器，因此，执政党权威的削弱将直接导致对群众工作的思想武器的退化，灌输方式将无法起到理想的效果。

3.1.3 多元与宽容挑战灌输过程的闭合性

尽管也有教育学家提出，灌输能确保国家思想和政治继续，能传递社会中的文化理念和价值，以保持其连续性；教育是强制性的而不是自由和任意的[103]。即使是在多元化社会中，灌输也是存在的；但是自由主义者倡导的多元主义世界观则在理论上和实践中对马克思主义灌输理论的内核提出挑战。这既表现在对灌输内容标准性的质疑，也表现在对灌输方式强制性的质疑。

多元主义作为自由主义思潮的一个基本价值观，以宽容为前提，这里的宽容是指尊重或实际同意各种价值观念。当代自由主义者认为，随着时代的发展变迁，承认多元主义与宽容是必然的，因此他们竭力批判传统政治意识形态灌输的消极状态，呼吁消除教育中灌输内容的"教条性"和灌输方式的"强制性"，最后"灌输"的概念被"文化同化""社会化"，以及"文化适应"等取而代之了。他们认为多元主义是一种时代要求和历史命运，人们只能致力于在不同观念和文化中求生存，并不能试图追求一种普遍的共同文化和精神。在《自由四论》一书中，自由派人士柏林对自由社会的多元化进行了崇高的赞扬，他指出：世界上根本不存在唯一的普世的真理，每一个国家、每个文明和每个民族可以选择自己的方式实现目标，不需要采取其他国家、文明和民族的目标实现方式[104]。"自由社会的好处在于容许各种各样相互冲突的存在而不被压制，这种观念在西方确实是比较新的"[105]。

灌输意味着通过对概念、态度、信仰和观念的反复宣传和说教，穿透灌输对象的认识表层渗透到内心和头脑之中。从价值多元化以及宽容意识来讲，自由主义者认为灌输在道德上和本质上是错误的，不应对此进行实践。芬兰学者罗诺·胡特恩（Rauno Huttunen）总结了自由主义者对灌输理解的四个层次的涵义：其一，使用了专制且权威的教学方法、教条地培养学生的大脑思维，不允许教学和讨论中学生有创新和思考；其二，教学内容是教条的，纯粹的书本理论；其三，主体有计划地、有目的地向客体反复传达；其四，结果形成了即使面对事实和证据仍然坚持自己信念的人——被灌输的人。

西方学者的多元与宽容理论，具有较大的隐蔽性和欺骗性，有的甚至披着道德的、合法的外衣，颇能迷惑人。尤其当西方的"和平演变"在苏联和东欧得手之后，这些理论通过各种途径和方式加大对我国的影响。在一些人的内心深处，投下了对马克思主义和社会主义思想道德疑虑的阴影，产生了对思想政治灌输教育功能的怀疑与动摇。很显然，西方学者的理论是从文化价值观角度，向马克思主义、社会主义提出挑战，而它们理论的影响，也是从社会和人们的价值取向上切入的，对此，我们不能回避，必须正视。

根据自由主义者对于灌输内涵的理解，灌输的过程当然与尊重多元化的价值体系和宽容不相符合。但是马克思主义灌输理论并不否认价值的多元性，也提倡对于人性的宽容，只是，两者对于多元和宽容的内涵和外延在理解上有着根本的分歧。自由主义的多元化是要冲破社会主导价值体系的束缚，否认阶级主导政治价值体系的实际存在和重要意义，试图用宽容来为冲击社会主导价值体系找借口；而马克思主义灌输理论则站在历史和现实的高度，承认多元价值的存在，也主张尊重多元，但是坚持用国家主导的核心价值体系去规范和引导多元的价值观念，对于有积极作用的、先进的思想观念和文化形态采取宽容的态度，而对于那些消极的、有害的思想观念要坚决抵制。马克思主义灌输理论最终将以其真实性战胜自由主义思潮的虚伪性。

长期以来，我们的马克思主义思想政治灌输教育，往往停留在"传达—接收"二分的思维模式上，价值理性和人性原则常常被忽视，思想政治意识和社会道德思想对经济、社会、个人发展的价值，有时被抽象、空洞的词句掩盖。这种价值问题上的虚无主义倾向，容易造成马克思主义灌输理论价值的缺失，不仅难以充分发挥马克思主义灌输教育的作用，也无力回应西方社会的挑战。因此，我们要开拓马克思主义灌输理论研究的新领域，揭示思想政治教育与马克思主义灌输合理性关系，求解我们所面临的现实性难题。

3.1.4　平等与正义引发灌输客体的自主性

平等与正义是现代民主社会的主倡理念，也是自由主义思潮的核心理念。对于平等，学者有两个层次的理解，其一是从本质上说，人类都是平等的，在自然界中，人生下来就是平等的，人类都是平等的生物。但是从生物学意义上来看，会产生事实上的不平等，归根结底还是源于个体差异；平等的第二个含义是指身份上的平等，身份上的平等指的是"每个公民，他们都是独立自主的自由人，从这个角度来讲，在道德地位上每个人都是平等的"[106]。在自由主义者那里，谈到人性和道德两者的平等，指的是平等的政治地位当中，人们能抛开各自的不同，并提出这样一个假设前提：在道德上，每个人都是平等的，并且都希望能够相互合作，其实这是自由主义平等观所描述的一种理想中的道德模式[107]。在这种道德模式下，由于灌输主客体的地位表面不平等，因而危及了灌输对象所谓自主平等的、对于客观对象的选择自主性，因而灌输就意味着不平等。托克维尔对"身份平等"这一理念的益处和坏处有清楚的认识，他所担心的是：平等的身份所产生意志上的自由会导致大量的暴政，最后会走向专制[108]。托克维尔还担心人们在思维能力上的倒退会使人的灵魂向奴役妥协。

新自由主义者意识到公民具有现实的复杂性和多样性，并提倡在权利上体现差异性，但又要保证基本平等。一方面，要实现共同富裕，取缔特殊权力，抵制差别待遇，另一方面又要对付出更多努力、承担更高风险和更多责任的人给予更高的薪酬。在新自由主义者的观点中，自由被认为是原生性的，善于应变的，平等则被认为是受到牵制的，缺乏自由则会失去生存的动力，缺乏平等则难以出现关爱和友善。新自由主义者罗尔斯在其著名著作《正义论》中从社会政治角度，正式提出并系统论述了社会正义。他认为"社会制度当中排首位的价值是正义"[109]，并列出了他对正义的两种阐述：首先，在自由社会中，正义是人所拥有的平等政治权力，它表现为人们可以在立宪过程中，不受歧视和差别待遇而进行政治参与；如果想获得一份公职，人们都拥有平等的机会；在选举过程会充分体现出公平公正原则；人们能够拥有对等的保护权；其次，正义还体现在，在社会生活和经济生活中，如果有不公平不公正的现象，那么应该有这样的处理：第一，正义原则对最少的受益者的最大利益同样适用；第二，社会生活中的所有岗位和社会地位应对所有人一视同仁。换句话说，拥有相同能力的人有均等的机会拥有政治权力以及相应的社会地位，但如果两人的能力有悬殊，那就不应该有均等的机会[110]。

教育学家罗伯特（Robert H. Sorge）分别比较了灌输和教育的特点，为学界提出了较为全面认识灌输与教育关系的框架。

表3-1　灌输与教育特点之比较

灌输的特点	教育的特点
1.用归纳的语言进行描述，而不用具体而精准的相关文献和统计数据进行阐述。	1.运用一些有量化意义的词。使用具体而精准的相关文献和统计数据进行阐述。
2.单方面性。对截然相反的观点和态度，往往不予理睬，有意识地遗忘或者诋毁，没有典型性。	2.多样性。用多视野的角度来研究问题，对于反面观点也要客观描述。
3.偏向于选择最佳的或最失败的案例，使用的语言过于隐晦。	3.平衡性。对于主题的相关研究，可以找到大量的支持数据。
4.使用会造成误解作用的统计数据和资料。	4.对于统计资料的范围、出处和衡量标准都有明确的规定。
5.允许差异和细小的不同，更加重视表面的雷同。	5.具有分辨性。对于细小的差异也能够识别。采取类比的方法来分辨出差异。
6.不真实的推理方式。遇到问题时，常常只有两种处理方式，持两种截然不同的看法，正确错误两者选其一。	6.不唯一性。在面对问题时，可以采取的方法不止一个。
7.过度相信专家。用专家的观点来决定问题，认为"只有专家知道"。	7.理性看问题。会用专家的观点来激起思维碰撞，认为"专家也难达成一致观点"。
8.趋同性。如果"所有人都在做"，那么，这件事一定没有错。	8.追求逻辑性和真实性。会用不偏不倚的态度来选择数据和逻辑的争论。
9.寻找感情以及自动回应，用一些表示丰富感情的用语和图画。	9.倾向于有见地和理性的观点，会运用一些情感带中立态度的词语和插图。
10.贴标签。运用含有贬义的语言对那些持相反观点的人进行描述。	10.尽量不使用带有标签意义或含有贬义的语言。会把争论表述清楚，不会特别赞同某一方的观点。
11.省略一些有假设前提和内部已有的偏见。	11.寻求假设前提和内部已有的偏见。
12.运用一些不能让人产生思考的语言。	12.运用一些能让人产生思考的语言。

转引自：郭法奇《灌输与教育：历史与现实的反思》。

从自由主义的平等和正义出发，灌输最主要的问题就是主体在讲解传达过程中，以强制性、片面性、模糊性、权威性和绝对性等来误导灌输对象使其不能自主思考，平等发表意见，只能被动地接受。因而在自由主义者看来，在本质上，灌输是一个非主动、闭塞的过程，它采用填鸭式让灌输内容充斥对象的思维，压制了灌输对象的平等地位和正义需求。以英国学者斯诺克在解释为什么会产生灌输时的观点为证，他认为灌输的产生往往与教育中主体所处的"强势"地位有关系，而在一般情况下，灌输对象在评价灌输传递的内容上不具有优势[111]。

尽管自由主义者鼓吹的平等、正义听上去很悦耳，但却无法真正实现平等与正义的实质性繁荣。原因在于，根据自由主义的逻辑，一旦执政党运用权力干涉人民生活，包括精神生活，人民的自由就丧失了，人民与政治权威就不平等了；反之，强调个人权利的伸张，人民完全平等自由了，国家权力则会无限膨胀，政治正义就会受到破坏，"自由主义就这样好像被夹在一个自由主义原则和它的不平等结果中间"[112]。这种悖论正暴露出了自由主义所谓平等正义理念矛盾的本质。

马克思主义经典作家站在无产阶级和人民大众的立场上，以历史唯物主义为基础，提出了关于正义问题的一系列重要的思想原则。他们总体上对于资产阶级学者提出的平等正义论持批判的态度，批判资产阶级平等观和正义观的虚伪性。他们认为，在存在着阶级对立的历史条件下，离开消灭阶级的要求而奢谈正义只能转移人们对于消灭阶级这一根本任务的关注。然而，这并不意味着在他们的思想视野中没有正义问题的地位。相反，在他们提出的一系列重要思想中，蕴涵着他们对于正义问题的深入思考。而且他们之所以以毕生精力投身于消灭阶级的伟大事业，也正是因为他们意识到阶级剥削和阶级压迫是非正义的，正是为了实现真正意义上的正义。

在马克思主义者这里，真正的平等正义是"一切人，或至少是一个国家的一切公民，或一个社会的一切成员，都应当有平等的政治地位和社会地位"。虽然资本主义的平等观比封建主义进了一大步，可是，随着资本主义制度的确立，资产阶级和无产阶级始终是两个对立的阶级。在资产阶级的平等要求里，必然存在无产阶级的不平等，资产阶级要求消灭封建的阶级特权，而无产阶级则以消灭阶级作为自己的要求，认为平等不应是一种表面的东西，它应该成为实际的、有内容的东西。

马克思主义灌输理论主张人是社会本质，也是社会的核心因素，因此，人的平等与正义在马克思主义那里同样的是一个基本的价值取向。但是马克思主义的平等与正义是建立在全社会的宏观基础之上的，消除一切剥削的，人类普遍的、真正的平等和正义。在马克思主义灌输理论中，灌输教育是是塑造人的精神和灵魂的特殊教育，它的主体和客体都是具有人格、个性、情感和尊严的现实的人，要用富有时代特征的先进文化和传统优秀文化提高人的素质、开发人的潜能、激发人的动力、实现人的主体性、促进人的全面发展。

3.1.5　自由主义思潮对马克思主义灌输理论的影响

自由主义思想的盛行，使对公民进行现代民主教育得到了社会的认可并得以强化，整个学术界也开始重新认识灌输的概念。灌输的概念随社会的进步和人们认识的由浅入深经历了从起初的强调"强制"到注重"合理"再发展到最后回归"强制"：灌输概念形成之初人们对它与教育的联系的认识并未达到一定的深度；在人类时代前进的脚步中，人们开始思量灌输教育思想在内容上和灌输方式上的种种弊端。为了满足社会发展对加强教育制约的需求，人们在反思"强制性"教育灌输方式的同时也开始考虑以更加合理的形式把灌输与教育结合起来。

自由主义者认为自由应被看作一种"原子式"的个人行为，这种撇开了人性的社会规范性和阶级性的抽象人性论被西方部分学者作为自由主义的理论基础和理论出发点。他们还认为个人意志决定个人选择，而自由平等则是一种社会政治经济关系的自由平等，这种平等是抽象。尽管如此，如前文所述，自由主义的思潮对于人们思想领域的影响极大，在很大程度上直接挑战着马克思主义灌输理论：自由至上说质疑灌输前提的合理性，有限政府论挑战灌输主体的权威性，多元与宽容挑战灌输过程的合理性，平等与正义引发灌输客体的自主性。

在对待教育中的灌输这一方面上，西方学者表现出慎重的态度。西方研究者不否认思想灌输在社会发展中的的地位，他们认为在青少年早期应该进行社会基本道德的灌输教育。来自美国的研究者霍尔和戴维斯都指出不能在青少年的灌输时期存在道德真空；作为教师应该将灌输活动贯彻于课堂之中，这是很有必要的。当然也不能把灌输行为同对于青少年的所有训练相混淆[113]。他们进一步谈到，灌输必须存在于青少年阶段，因为在人生的早期人们缺少成熟期时的理智去面对复杂的实际时，灌输是必不可少的基本方式；当人们已经能够运用自己的理智时，就应当减少灌输，或改用其他的教育方式。灌输主体应当十分关注人们"在不成熟和道德责任之间的灰色区域"[114]，在人们已经能够自主或成熟地做出决定时，就要避免灌输。

马克思主义灌输理论在自由主义思潮的质疑和冲击中不断丰富和完善自身。自由主义思潮突出强调的自由、民主和平等，虽然本质上与马克思主义理论体系所倡导的自由、民主和平等有差异，但是马克思主义本身的初衷也是追求自由、民主和平等的，因此无产阶级在取得国家政权后，对于灌输理论本身是有所完善的。这种完善既可以看做是其本身随着时代的变迁发生的，但也不排除是受到自由主义思潮冲击的影响而必须发生的。

自由主义思潮对于人们思维方式的影响无疑是巨大的，尤其是在人们的思想被长时间禁锢以后突然出现这样一种所谓的"解放"思想的理论思潮，一时间全社会掀起思想自主、行为自由的热潮，甚至在一定范围内发起了对于灌输的抵制。面对这样的情况，马克思主义灌输理论有了一些发展：首先加强了对于灌输理论本身科学性的研究论证，大批马克思主义者深入研究了时代变迁后马克思主义灌输理论是否过时、无用，并将研究成果公之于众，为马克思主义灌输理论自身的合理性找寻理论依据。其次，马克思主义灌输理论的历史前提有了发展：由革命年代主要面向工人阶级灌输科学社会主义以唤醒其自为意识，实现解放自身和全人类的历史使命转向和平年代主要面向全体社会大众灌输社会主义意识形态必要性和优越性以号召其共同建设社会主义国家，实现中华民族的伟大复兴，最终朝着共产主义的终极目标奋斗。再次，马克思主义灌输理论的主要内容有了发展：除了传统马克思主义灌输理论的基本内容以外，还将当代社会文明中的积极成分纳入其中，削弱其极端鲜明的政治性、阶级性，出于人们普遍对于"灌输"提法的心理抗拒，学界多以"学习""教育"等提法取代"灌输"；灌输的主导内容与一般科学知识相结合、融会贯通以后再借助多种渠道传达给灌输对象；灌输对象的自主性得到很大程度的尊重，逐渐取消了对于灌输对象"盖帽子""上岗上线"批判的强制性做法；灌输手段的政治强制性有所弱化，而教育引导性得到加强，将灌输与教育挂钩，灌输的主体也由专门的思想政治工作机构扩展为全社会的教育机构。

由于马克思主义理论体系本身是一个开放的理论体系，其创始人早就提出对于资产阶级自由主义理论中的一切积极成果，我们要在分清其阶级实质的前提下，有区别地对待、有判断地取舍，不能教条化地吸纳或者排斥。面对自由主义思潮的来袭，马克思主义灌输理论实际上也有所调整，这是顺应时代发展和历史需求而做出的发展。

3.2 人本主义理论引发的马克思主义灌输理论的发展

现代西方人本思潮发端于 19 世纪下半叶和 20 世纪上半叶，主要流派包括：唯意志论和生命哲学、弗洛伊德主义、存在主义和法兰克福学派等，尽管各流派自成体系，但都是从不同角度集中探索人的行为规律。与马克思主义理论体系主张人的本质是其社会性不同，他们将人的本质归结为非理性的意志、生命冲动、本能及情绪自由等。20 世纪 50 年代，人本主义的心理学发展起来，专门针对人的行为习得问题、思想形成问题展开研究，形成了人本主义学习理论，其代表人物有哲学家詹姆斯、心理学家马斯洛、心理学家罗杰斯、创建目标管理理论的布鲁斯等。他们开创的人本主义学习理论主张应该从学习者或者灌输对象自身的立场和意义出发，而不能以其他任何第三方的观察者或者灌输者的立场、意义来描述学习[115]，否则就是强迫的、浪费的。这种对于学习对象单方面意义的强调，对于传统马克思主义灌输理论注重强调灌输主体意义，兼顾灌输对象意义来讲，是不小的冲击。现代教育理论和实践中所强调的"以学生为中心，以学生发展为本"，实际上就是来源于"人本主义"的以"人的发展为本"的理论。这充分表明人本主义的学习理论，已经在实践中对我们的教学模式和教学改革产生重大影响，马克思主义灌输理论自然也会受其影响得到发展。

3.2.1 注重个体内在体验冲击灌输过程的标准化

人本主义的学习理论认为，学习和教育过程是教师和学生、教育者和受教育者之间两个精神世界的沟通、融合的过程。是一个对等、双向度的过程。它将认知与情感同时纳入考量，把介入其中的教师与学生都看作需要动态磨合的对象。对于某些理论中对学习过程的定义——教师把知识及知识体系等材料以一定方式推送给学生，并对该种推送所引发的刺激的呈现次序进行一定的控制，以便学生对这些材料进行掌握与运用，形成一定自学能力及一定迁移效果的过程——不以为然。这对于传统意义上的马克思主义灌输理论是一种颠覆性的挑战，传统马克思主义灌输理论出于引导和控制政治意识形态的需要，往往更加侧重灌输主体的需要，灌输过程往往是标准化的，忽略了灌输对象个体的内在体验。人本主义者的学习理论视学习为情感与认知密切结合的一项活动，由于该项活动同时包含了情感与认知，因而也成其为它们的结合体——完整的精神世界的活动，这与个别学习理论过多重视认知，却忽视情感的观点迥然不同。人本主义学习理论确立了对教育的独有认识：在教育，或者说教师的教学（一体两面地，也同时是学生的学习）过程中，认知与情感应共同存在，彼此融合，不可分割，从而构成学习者的完整精神世界。

人本主义学习理论强调"学生的自我发展""发掘人的创造潜能"，从这一点上看，马克思主义灌输理论与其有同工之妙。两者都主张灌输或学习的结果是要使客体对象增加原本不具有的知识，或使原有的认知结构更精细，认知水平得到提高。人本主义认为，个体感受从地位上而言，不比认知真理次要，甚至在个别方面，个体感受比认知真理还重要。客体之所以为客体，主体之所以为主体，正是源于作为客体和主体的人具有独特的感受与内心体验。因而人本主义者反对抽象地讨论人，认为个体的人才是真实的，"尽心力而为之，后必有灾"。从人本主义者的角度看来，学习不只是学生被动、单方面接受知识或知识体系的过程，课程只是一个简单的框架，要令学习过程充满意趣，一定得深入到学生的感情世界，形成师生间的全方位互动，否则无论怎样的教学活动，也不过是训练而已。一般的教育理论忽视了未来的世界瞬息万变、复杂无比这一基本事实，忽视了学生们的内心世界由感受、认知、想象、关怀等各层面有机架构这一基本事实，只在学习中教会学生们基本的生存技巧，对这些事实的漠视，将造成难以挽回的恶果。人本主义学习理论虽然有其固有的优势，但同样需要注意的是，现代人本主义，其内心体验有神秘的意志情感，性能自觉而不服从任何规律，因而更多地具有悲观色彩。

从理论上讲，认知与情感脱离的教育，必然导致学生成长不健全，其获得的人生意义也不和谐。从根本上看，这样的教学与学习结果源自在课堂教学中对人的因素的明显忽视，也就是脱离了人这个最本质概念看待人，看待学生，从而实施了非人道的教育，产生了非人道的结果，最终甚至表现为学生个体的病态与扭曲。事实上，近年来心理学与生理学的众多研究成果也证明，情感的作用远远超出我们对它的日常认知，情感在学习过程中不应处于附属地位，更不应被排斥、被忽视。联系以上两方面，人本主义学习理论是有一定正确性的，总的来说，它是在教与学的过程中将对象的认知与情感相结合，在对象的思想意识和科学知识习得过程中尊重其主观能动性和创造性的发挥。它将启发并引导一种全新的教育理念。

对教育目标的处理，首要在于将教育目标分类。所有的分类法中，最为流行的是布卢姆的三分法，它将教育目标分为认知、情感与动作技能三个领域。但在实际的教学实践中，人们却没有对这三个领域平等对待，他们似乎只对认知这一领域中的知识、理解及分析着眼颇多，而对其他两者却有所忽视，至于对这三个领域协同作用的关注更是少之又少。这样直接导致了在教学实践过程中，主体对客体的教育或灌输缺乏情感参与，甚至纯粹将教育过程当作是一个信息接收与加工的流水线作业，以完成教学或灌输任务为目标，令对象的学习缺失了真正的意义，冰冷寒寂，令人生畏。与这种做法形成鲜明对照的，是人本主义学习理论。人本主义学习理论认为，排斥了情感的参与的"纯左脑学习"，不仅对教育过程毫无益处，而且是无效率的学习过程。人本主义学习理论专家罗杰斯更毫不隐讳地做了形象的讽刺：认知学习理论（即排斥情感等领域的纯左脑学习）是"颈部以上的学习"，它劈开了学习的身心，在这样的学习中，学生"身在教室心在外"。

现代西方人本主义理论强调，人之为人，不同于人之为物，它反对抽离人的本质属性而把人看作物来对待，它认为抽象原则不足以规定人的本性，也因而不认可用研究纯粹自然物质的科学技术去研究人，尤其是研究人的精神世界。

现代西方人本主义主张，应从人的本性，从人的现实存在去表示人这一主体的主观能动性和创造性，重申人的价值与尊严，以令人的生活变得更丰富多彩，更充实。

3.2.2　强调自我需求满足挑战灌输重点的人本化

自主学习与自主构建知识意义是人本主义学习理论的重心。人本主义者认为学习并不是一种单纯为了生存的活动，而是一种有价值的生命活动，这实际上强调了灌输对象在学习过程中自我需要的满足。人本主义所追求的学习过程恰恰是他们所认为的人的自我发展与自我实现的过程，这也正是人本主义者所标榜的学习与教育的价值所在，即是广义上的生命价值。从这一点上说，与马克思主义灌输理论根本上追求人类精神之解放与自由是具有一致性的。

马克思主义灌输理论是与时俱进的，坚持以人为本也是马克思主义灌输理论的基本出发点之一，因此重视对灌输对象的合理需求的满足与实现就是切入点。汲取人本主义学习理论的合理成分，马克思主义灌输理论在以下三个方面就灌输对象自我需求的满足做出了强调。

第一，要从教育对象的需要出发，依据灌输对象自我需求的变化，最大程度满足灌输对象日益增长的需求。长期以来，马克思主义灌输教育的效果之所以不佳，不是因为其本身不好，而是因为我们采用的这种灌输传播方式所宣扬的内容脱离了人性内涵，像空洞的说教而忽视了人性中最基本的需求。人的需求是一个不断上升的过程，在社会资源相对匮乏的情况下，人对物的依赖会比较强，这时候人们会把对物质的需要放在第一位。所以说，在人的一切需要中生存需要就是最基本的需要。由此，我们进行马克思主义灌输教育，就万万不能脱离衣、食、住、行等最基本的需要。物质是意识存在的基础，离开各种社会需要谈马克思主义灌输教育就是空谈，就难以使马克思主义灌输理论成为人们的需求。因此，马克思主义灌输教育应该摆脱空泛的说教，结合人们最关心的现实情况，实事求是，从人们最关心的问题入手，使之更加贴近民众，融入到群众中去。

第二，处在一定社会环境的人会表现出他的社会性需求，在进行马克思主义灌输教育时要注意其社会性需求的满足。人是社会性的动物，他要在社会环境里获得个体的生存与发展，也要进行自然生理上的种族繁衍，另外，人更无法摆脱与自然需要截然不同的社会性需要。社会性需要，就其定义来说是指人类在进行社会生产实践的过程中萌发的各种需要，其中包括了诸如进行劳动的需要，进行社会人际关系交往的需要，进行知识吸纳的需要，进行感情交往的需要等。在复杂的社会现实与社会交往中，人们需要精神的力量，需要信奉的理念、精神的慰藉以及相互的鼓舞。人们除了自身的生理需要外，还表现出不同层次的社会需求，从这点上说，马克思主义灌输的存在是合理与必须的。马克思主义灌输教育把人民群众的社会需求放在重要位置，这正是我党坚持"以人为本"原则的理论源泉。

第三，随着时代的发展，人民群众的需求也在发展，马克思主义灌输要与时俱进，与群众的合理需求相匹配。人作为万物之主，有其能力上的能动性，与一般动物只具有生理需求不同，人有多方面多角度的需求，这体现在对美好生活与充足物质条件的追求上，还体现在生理满足之上的精神需要与全面发展。发展需要是建立在生理满足之上的，是属于更高层次上的。在建设社会主义小康社会的新时期，人的生存需要已经基本满足，所以，马克思主义灌输教育不能止步于此，要打破以前固守的思维模式，将人的需要层次性纳入考虑范围，在认可人们追求物质利益享受的合理的基础上，更加注重人的精神享受和发展需要，并在一定条件内给予以最大程度的满足。

3.2.3　社会环境的期望值影响灌输对象的主动性

人本主义精神在特定的社会环境下再次得到呼唤。社会的进步以及科学技术的不断发展给人们带来了巨大的物质财富和民主政治及人权的平等，但是在新时代背景下，不断发展的科技、政治、民主以及不断增长的社会财富相应地满足了人们所追求的物质生活，但却往往让广大人民的内心失去了诸多自己所设想的快乐、幸福甚至美好的环境。假如人们想要真正获得较为充实的内心世界和设想中的美好生活环境，不仅需要进一步挖掘人们内心所想形成社会共同的公共意志，还需要将这些公共意志形成社会期望，以一种软性的环境去营造大家共同认可的内心期待。在这种形势下，灌输和教育的意义需要被再次确定。

在信息化和科技化的背景下，教育的社会化发挥着其越来越重要的作用，灌输往往被教育凌驾其上，成为了教育中的一种特殊方式。由于教育的功用在现代社会生产方式下被发挥到了极致，根据法兰克福学派的观点，教育本身的社会化意义已经被异化了，成为获取某种能力的工具，以至于灌输就更加成为某些掌握话语权之人为达到某种预设目的而去利用的工具，通过灌输方式教育出来的对象已经不再是具有自主性、能够适应社会环境变化的社会人。像今天这样的以科技为先驱的社会中，灌输教育过程是从科技自身的功用以及效率两个方面进行考虑，每个受到灌输教育的对象好比一个物体，学校和灌输者扮演着加工厂的角色，他们把灌输对象当作是像原材料一样的加工雕刻对象，并且按照社会发展客观的需求或灌输者自己的愿望，按照既定的模式将灌输对象塑造或雕刻成满足主体需要的，能够适应社会需求的各类人才。在这种灌输教育过程中，灌输对象内心感受及自主意愿只能被忽视，磨灭了对象的创造性，往往导致最后被培养出来的学生成为工业加工流水线上的规范"产品"。这种灌输教育上的严重缺陷，带来了严重后果的同时也引发了巨大的反响，这些现象客观上迫使广大教育工作者越来越清楚地意识到，当今社会的教育发展趋势除了科学及专业的教育之外还存在着对人生意义和内心的教育。

如果处在适当的环境下，人人都可以拥有较为优异的自我实现的潜能，这一观点是人本主义学习理论最基本的假设。例如罗杰斯就主张，假如一个学习者在某一个良好的、适当的学习和生活环境中，是完全可以凭借着自己的能力和意愿，自觉、自主地去完成学习任务。较之传统的教育灌输理论，这一观点具有明显的时代进步性，它最合理的内核主要体现在提倡学生要"学会学习"，培养学生的创造性、独立性。这一观点是具有时代的进步性的，同时其合理科学的内核与现在大众普遍所要求提倡的"学会学习""学会生存"以及个人的学习独立性、创新性口号是完全一致的。

人本主义学习理论有一个较为极端的观点，认为在整个灌输教育过程中，老师完全没有必要去向对象传授知识，因为人生来就具有先天的习得潜能；同时老师向学生传授知识的过程，只会压抑学生自身自我习得、自我实现的潜能。因此，老师所要做的是只需要注重每个学生其独特性，创造出一个适应个人发挥其内在潜能的环境，然后鼓励每个人运用他们的自身潜能去学习知识，就像播种的过程中，播种者只需要给一粒种子提供养分和肥料一样，老师在教育过程中也只需要从学生的自身特性出发，彻底地将教学从以老师为中心转移完全以学生为中心。但是在诸多人本主义学者看来，这些观点并不意味着老师其自身的作用被降低了，反之，老师的作用被强化了，其原因是让教师成为一个促进者所拥有的文化知识层次被提高。

这种以自我实现为目的的观点将老师对传授学生知识的可能性降到最低。1952 年，罗杰斯在哈佛大学发表题为《课堂教学怎样才能影响人的行为》的演说中谈到："传授别人知识，这一点相对于受教者而言是没有意义的，因为这对于受教者而言根本就没有任何的改变或者影响。""通过老师教授得到的知识是不能直接影响一个人的行为的，而且这些知识很有可能是还有害的。"在这里，罗杰斯甚至否定了教师在整个知识传授过程中的作用，有些极端。这不仅让人联想到卢梭曾经说过的话："造物主创造的任何一件东西都是美好的，可是到了人类的手中就会变坏的。"可见，在人本主义者的关于学习的观点中，所有的个体都是自在、自为的，任何其他个体或组织的灌输、指导只会使个体丧失自我发展和自我人格完善的机会。最后，学生成为整个受教过程的中心，并且完完全全地占据了学生和教学的重要地位，学生个人的自我发展成为了整个过程的核心，同时在所有的学习活动及教学活动中，学生自身及其自我的发展得到了正视。

3.2.4　人本主义理论对马克思主义灌输理论的影响

人本主义对我国社会发展所产生的影响可谓十分复杂，有积极的，也有消极的。从本质上来理解，发展至今的西方人本主义思潮属于资产阶级哲学的范畴，它是对资本主义社会关于社会基本矛盾的精神反映，体现了资产阶级的利益需求。在西方的人本主义思潮中有对现实问题的客观反映，其中包括对现代科学技术和工业文明所带来的负面影响的描述，人本主义思想对这些客观问题有深刻的剖析，从某种程度上来说也为解决这些问题提供了思考的空间。

20 世纪 50 年代，人本主义心理学对社会的发展有较大的影响，人们倾向于用人本主义心理学的思维方式来思考问题，它所倡导的学习观对 20 世纪后半期的教育发展至关重要，让人们用有别于以前的思维方式来思考教育，对教学理论有了一种新的领悟。人本主义心理学非常重视对心理品质和人格特征的培养，包括自我表现、自主性、爱等，这些都使人们对现代教育的发展方向有了新的思考。在人本主义心理学的观点中，不仅应该重视教学中认知的发展，同时也不能忽视学生在教学过程所表达出的情感、动机、兴趣，"进一步了解学生内心世界的真正想法，因材施教，根据学生的特点进行教学活动，最大限度地激发学生的内在潜能，激发学生的认知和情感的互动，我们应该认识到创造能力和认知、情感因素等心理特征对行为产生的牵制作用。"

人本主义关于学习的理论的问世引起了人们的关注，它所产生的影响持续至今。从某种程度上说，人本主义学习理论颠覆了以前传统的学习理论。人本主义学习理论之所以受到人们的追捧，在于它以崭新的姿态在对的时间出现在人们面前。在人们普遍对传统的灌输教育存在厌恶情绪时，人本主义学习理论以截然不同的面貌出现，它重视情感，理解和尊重学生，维护生命的尊严，不赞同灌输学习，反对沉重的学习任务，这些新的理论赢得了人们对它的青睐。除此以外，人本主义学习理论的核心明确指出了一个全新的教育方向，因此迅速赢得人们的好感。

虽然人本主义对学习的认识在某些方面显得与众不同，它不赞成精神学分析，也不同意行为主义的理论，但这些难以捉摸的理论也恰恰反应出人本主义的学习理论在科学实证方面的不足。人本主义学习理论运用存在主义和现象学来奠定其哲学基础，它更侧重于现实对人的主观意识的影响，而忽略客观现象运行的规律，认识要想真正理解存在的意义，只有依靠人的意识活动。但事实上，每个人对直觉和存在的理解却很难统一，因此使得存在成为很难阐述的东西。不管是在教育领域还是在学习领域中都是如此，如果只关注于生命的意义和主观意义的阐述，而没有提出让人相信的科学依据，那么很显然，这种理论无法让人完全信服，它在方法论层面上存在不足，就像空想社会主义先驱们的一些不完善的理论对后继者的所产生的启示一样，在人类教育发展至第三个千年时，人本主义学习理论中的一些远见卓识也会对未来的教育理论奠定基础。

在某种程度上，人本主义学习理论的出现可以被看作是学习领域内的一场革命，这种新的理论更着重对学生自学和自我发展的关注，提倡以学生为本而展开教学活动，这些新的想法在某种层面上都体现了学习的真正意义和教学的核心理念。从此马克思主义灌输理论也发生了如下的变化。

第一，主张灌输对象在整个灌输环节中不再是任由灌输主体摆布的客体，重视灌输对象的思想，激发他们的潜能是灌输的意义所在。灌输内容包含了人类文化发展史中的闪光点，如果灌输对象只是被动的吸收灌输内容，没有将灌输内容转化为自己的思想并利用灌输内容思考问题，那么任何灌输都是无意义的。灌输对象把人类生活经验之精华加以提炼，再发挥主观能动性对现实生活的认知，两者相互融合为一种新的思想。

第二，认清灌输不仅是掌握先进理论和科学知识的一种途径或方式，而且将灌输提升至个体与人类文明交融互动的过程，灌输的双向互动性加强，单向传递性弱化。要强调一点，在灌输过程中，要使灌输对象正确处理不同的关系，并树立符合社会发展规律的、积极正确的世界观、人生观、价值观。人亦是客观物质世界的一种动物，对利益追求的具有本能性，通过意识形态观念的灌输，要使灌输对象面对诱惑时能够坚定立场，做出符合大义的利益的取舍。

面对当代西方思潮在我国的流行，我们不能逃避，更不可一味地封锁和消极抵制，必须要正视其存在的客观必然性，实事求是，具体问题具体分析，研究分析它存在并流行的内在和外在原因，这样我们既可以取其精华弃其糟粕，而且可以在当前文化价值所体现的多元化和冲突中，增强马克思主义理论的时代气息，更好地推进它的发展。面对教育学界的广泛质疑，马克思主义灌输理论需要综合吸收人本主义、现代教育主义等理论和思潮的合理内核，从"天堂"回到现实，倡导人的主体创造性，形成奋发进取和追求公平、正义的精神氛围，我们应该把推动社会前进发展和满足人的自身需求相结合。这也是如今马克思主义灌输教育走出低谷，展现其特殊魅力的关键所在。

3.3　现代传播理论引发的马克思主义灌输理论的发展

如今马克思主义灌输理论的实施背景与往日已大为不同：我国正处于社会转型的过渡时期，整个社会正逐渐信息化、知识化与全球化。各种新技术的涌现，特别是互联网的出现和日益普及，令灌输的形式与途径有了明显的变化——更为多样化、形象化与现代化，社会的变化推动了现代传播理论的发展，"掌握信息与网络之人，控制着整个世界"，马克思主义灌输理论也在这样的背景下得到发展。

3.3.1　组织传播理论与灌输理论的一致与分野

当今世界，组织成为社会机体的重要关节，影响着社会生活的方方面面。组织传播理论来源于组织的传播实践，指的是依靠组织系统力量与媒体工具而进行的传播活动的总和，这种传播活动有目的、有秩序、有领导[116]。组织传播的目的是为了展示组织影响、凝聚组织力量、形成组织的内部氛围，以促成组织内、组织与组织间以及组织和外部环境的各种良性互动。一言以蔽之，组织传播是以组织为主体进行的信息传播活动[117]。

我们生活的社会共同体，各种利益错杂交织。在一定程度上，组织传播理论与马克思主义灌输理论在基本性质和目的追求上是一致的。从组织传播理论的内涵两层面可获取印证：一是，组织传播是组织的基本要素，是为了实现共同的既定目标，组织系统内部成员要接受共同的价值观念和思想文化的互动和协调；而灌输则是社会主义国家思想政治工作的基本方式之一，表现为为了追求全体成员的根本利益，实现共产主义，全社会成员要以共同的社会主义核心价值体系为思想基础。其次，组织传播的目的是要实现组织与相关环境的信息交换，将组织的主观意图和价值追求传达给内部成员和利益相关者，使得组织与环境保持动态平衡，以求得组织发展；显而易见，灌输的目的同样也是为了使社会全体成员保持思想认识的高度一致，以共同推动社会主义事业的发展。

根据组织传播理论，组织存在的目的在于将其既定目标推行、实现；而当组织中的理性因素胜过组织成员的个人喜好与外部环境的压力时，组织传播的效果才得以最大化。这反映出，组织需要理性的信仰或理念，组织传播本身关心的是组织的整体利益和追求。这与马克思主义灌输理论强调从全社会整体角度出发，关注对社会主流意识形态的引导与控制，关心人类社会整体、长远的利益和追求从广义上说是一致的。组织传播理论要求以正确的方法妥善化解成员的错误认知与成员之间的矛盾，以达到统一组织成员的目的。组织传播理论将团结看得至关重要，认为只有当组织成员把关注点与精力全放在维系成员间团结，维系组织统一，相互依赖上，才能从中获得友谊、威信及自尊需求的满足，以及对自身价值的肯定。这与马克思主义灌输理论主张的无产阶级的团结无疑是一致的。

组织传播理论最初的理论根源来自于对人类群体思维的考察：如果认为群体内的人倾向于追随其中大多数人的意见，那么在一个长期、稳定存在的群体——组织内，群体成员将更为强烈地感受到群体的压力；而且这种压力不单源于群体中的多数，还间接来自于权威（组织内成员很多情况下倾向于看领导的眼色行事，这导致了领导意见时常会转化成多数意见）。但是如果少数人坚持意见，这种情况会使组织内其他成员关注与思考这个被孤立的意见，而且由于坚持意见的这些人数量人少势力微小，不致给其他人造成压力，因此反而能在其他人心中产生这样的传播效果：这些意见"不会强迫我们站在非此即彼的立场，而是解放我们的思想，以使我们能够考虑更多的观点"[118]。然而，组织传播理论忽视了一点，那就是"所谓多数"的"暴政"：即当达成一致诉求的要求成长到足够巨大时，会借多数的声音与手来抹除一切谨慎的思考、排斥一切合理的决策，以至于维护群体和谐与一致成为了唯一的手段与根本的目标本身，群体中的一部分成员甚至会为此采取各种措施，压制不同意见，把所有人强行统一。

组织传播理论认为：组织传播不是管理者用以管理和控制组织的工具，而是塑造组织，令其成为一种生活环境的要素。组织传播极为关注成员在组织中的思想动态和行为方式，并借此产生凝聚力，团结组织成员、感染组织外的人，以渐获得社会的任可。组织传播的前提是自由的信息沟通与平等的意见交流。如果组织传播成为管理者用以控制组织，实现自身目的的工具，那这就丧失了组织传播原本的意义，化为法西斯的文化专制，组织也同时成为了以暴力和强制为前提的强迫性"机构"。尽管马克思主义灌输理论也不是灌输主体用来控制和管理灌输对象的工具，但其在内容的包容性上不及组织传播理论，组织传播的内容来源于组织内部孕育的文化，是随着组织目标的变化而变化的，而灌输的内容尽管随着社会变迁有所侧重，但其基本内核和方向始终不变。这正是组织传播理论与马克思主义灌输理论的分野之处。

组织中的个人都有一种双重的心理结构：一方面每一个人都试图追求、模仿与传播着传统，以求自己能尽快融入组织中，成为组织合理的一部分，避免自己被孤立与排斥；但另一方面，大部分人在这样的过程中又因为种种主观和客观原因，不可避免地出现了局部与全部的独特化，及此基础上的创新，从而或有意、或无意地从群体间"脱颖而出""与众不同"。因此，组织内的传播，成员之间满意度很高，可是有效性却很低，因为成员可以随时自由选择加入或者退出组织，组织的强制力有限。但马克思主义灌输理论不同，尽管遭遇了各种批评和质疑，满意度不高，但是有效性却毋庸置疑，它是实践工作者最为青睐的方式，因为社会大多数成员对于灌输内容的认可和接受在实际上形成了对于少数"异己"份子的道德上强制。由于这样的特性，我们能清楚地感受到，这样形成的社会共同意识形态的海洋强大无比，任何个人、小群体的标新立异也不过是其中一小片逆流，无论表现得多么波澜壮阔，终归只是这种社会共同意识形态奔流裹挟而去的小小分子，只能为其发展作表面的充实，不可能影响，更不可能主导它历史的方向。

可见，组织传播理论与马克思主义灌输理论既有一致之处，也有其理论分野之处。总体上说，组织传播理论对于群体心理的分析值得马克思主义灌输理论借鉴。

3.3.2 大众传播理论与灌输理论的摩擦与冲突

当今社会全面进入传媒化的时代，传统的灌输方式也随之具有了传媒时代的特征，其影响力和作用方式也发生了变化。它一改以往灌输的单一模式，以一种新的形态延续着它的作用。现代大众传媒已成为传播的主要载体，在社会政治、经济、文化生活等领域都产生了深远的影响，因此，人们的意识形态不再是通过统治、压抑、奴役来进行灌输的单一政治性意识形态，而是通过大众传媒在潜移默化中将其作为一种生活方式逐渐渗透进人们的日常生活，其影响的范围之广，力度之深，几乎无孔不入。但是大众传播理论与马克思主义灌输理论不可避免的有摩擦与冲突。

麦奎尔在《大众传播模式论》中指出："我们正在进入一个把大众传播与其他传播过程截然分开的界线又一次变得不那么分明的阶段。那种由一个中央集权化的广播电视或出版组织向大量稳定的受众发送同一内容的理想形式已经变得越来越不合适了[119]。

大众传媒环境下，政治意识形态逐渐淡化，新的道德观、价值观、知识体系以及经济意识形态不再是具有强迫性的灌输和植入，而是通过媒体、技术等途径和手段潜移默化地影响着人们日常生活的方方面面。大众传媒成了"新的立法者"，新的"操控说"横空出世，但在大众传媒环境下，人们处在媒体、技术的包围中，无助感却越发清晰了，人们对于自身早已预见却又无法突围的困境感到极度的恐惧，置身于如此洪水般汹涌的思潮中，如何才能找到自己？如何才能坚定自己？大众如何才能捍卫自己的主动权？在这样的追问中所衍生出来的恐惧就是人们对当代大众媒体传播的意识形态的恐惧。对于这些追问，人们大多采取了回避的态度，更加使自己陷入精神虚空和意识涣散的困境，无力在迷宫般的人际关系网中准确定位自身角色，迷失在对自己真正身份的追寻中。

大众传媒本身要受到国家主导意识形态的制约和控制，自身承载着一定的灌输传达主流思想的任务，具有明确的政治性和阶级性；但是大众媒介自身也要谋求生存和发展，追逐经济利益是其最基本的追求，这就必然要与其政治使命和功能发生摩擦。正如马尔库塞指出的，"大众媒介并非只是一种为人们传播信息的渠道或是提供娱乐的工具，其本身是无法摆脱发挥意识传导、政治控制功能的一种约束手段和控制工具"[120]。可见，传媒本身受主流意识形态制约，媒介总是承载着宣传主流思想的任务。

大众传媒是传播大众文化、意识形态的有效载体，大众传播的途径除报刊、广播、电视、网络四大主流媒体外，还有诸如舆论、课堂教学等多种传播途径，因此科学意识形态的灌输在时间和空间上都必然会有所延伸、扩大。但是有了大众传播并不代表否定了以前的灌输式，而需要我们更加坚持马克思主义灌输，并将其发展成为更好的传播方式。马克思主义灌输理论要充分利用这些途径，以灌输方式的多样性换取灌输效果的提升。因为，越来越多样化、便捷化的大众媒介为人们提供了越来越多的信息渠道，人们很容易在第一时间获取相关内容和信息，然而这些内容真假难辨、媒体主观意识性较强、有益信息和有害信息并存，人们亟需以坚定的政治立场和明确的核心价值体系去判断和甄别这些信息，而这种判断和甄别的能力在很大程度上正是源于马克思主义灌输理论所倡导的对于科学意识形态的灌输。

大众传播理论对灌输方法提出了更高的要求，不是简单地把传统的说教式灌输方式转变为形象生动的表达式灌输，而是在充分利用大众传媒交互性特点基础上，呼吁灌输主客体之间借助媒体实现利益诉求的互动沟通，达到使灌输更加顺畅的目的。所以，面对大众传媒这把双刃剑，我们需要思考如何更好更有效地利用它为马克思主义灌输理论披荆斩棘、保驾护航。传统的理论灌输是以灌输主体为中心，自上而下的单向灌输模式，大众传播理论在为我们开辟更广阔的沟通传输渠道的同时，也推动着理论灌输由单向接收模式向双向互动模式转变。

3.3.3　现代传播技术给灌输方式带来的挑战与机遇

各种以数字化为标志的媒体，如博客、微博、微信、播客等，在现代计算机技术、网络技术的有力推动下，以其实时、高效、大容量、动态的优势开始挑战传统的信息传播和新闻出版领域，并在社会信息容量的无限膨胀中，共同形成了新型的信息传播技术新格局。这些新兴的电子媒体和网络媒体，都是建立在互联网络基础上的，因此，作者以网络媒体概称这些现代传播技术，网络媒体作为信息传播的媒介，越来越成为人们获取知识和信息的重要渠道。这对于马克思主义灌输理论的发展既是机遇又是挑战。

相对于传统的传媒而言，网络传媒展现出许多新特点：个人和非专业组织也可以成为传播主体，网络能够帮助他们达到大众传媒的效果，随时可以将声音图文传递到网络可以触及的地方。传播技术的进步使传统的信息交流方式在空间和时间上实现了根本改变，个人、非专业组织、大众传媒主体等不同组织的地位也开始转向平等，双向传播模式也逐步得以确立。但同时，缺乏严格管制的网络环境也给大众特别是青少年带来一定的负面影响，这些是不容忽视的。毕竟人们鉴别信息的真伪能力是有限的，这使得马克思主义灌输理论的必要性凸显无疑：灌输主体要采用系统化、科学化的手段，有计划地向灌输对象宣传、讲授科学的意识形态和道德观念，以提高对象的理论素质、道德修养和政治素质。如此才能使人们在纷繁复杂的信息海洋和五花八门的思想思潮中保持清醒的头脑，真正做科学意识形态的主宰，而不是被混杂的有害思潮所奴役。

现代传播技术开辟的新渠道和途径克服了马克思主义灌输理论较为单一的缺点，可以极大提高灌输的效率和实效性，实现灌输主客体的双向互动。网络信息量大、更新速度快，同时可以克服传统思想政治工作灌输的不可复制性、非共享性等缺陷；运用网络，灌输主体可以结合多种传播手段将灌输内容立体化、动态化，文字、动画、图像、声音的结合，也使得灌输的内容更加新颖活泼，更具趣味性和科学性，从而提高灌输的效果。灌输主体还可借助互联网沟通的及时性实时与灌输对象进行交流情感、互通信息有无，有效解决他们对现实问题的疑惑，保证灌输对象能在客观的立场上接受科学的观点与立场，使灌输对象感受到灌输内容的实际意义。灌输主体应不断提高灌输理论水准并充分利用好组织优势，一方面要及时关注现实生活中的热点问题，客观、辩证地分析现实问题背后的意识根源，提高灌输对象分析和解决实际问题的能力；另一方面利用组织的优势加强与学生的交流，把马克思主义理论带到灌输对象的学习和生活中来分析和解决他们的困惑。

互联网因其四通八达、方便快捷为信息传播架起了一座高速公路，也在一定程度上增大灌输对象受众的面积和效果。计算机多媒体技术或网络技术具有强大的交互特征，超凡的表现能力和非线性网状结构。其视频功能、延时功能和储存调用功能在很大程度上减少了灌输主体的工作量，使他们不必反复对灌输内容进行重复，这极大降低了灌输成本，提高了工作效率。现代传播技术快捷、信息海量、交互性强的传播方式，图文并茂、声情融汇的传播特点，营造出一种轻松、愉快和自由的氛围，从而使严肃、枯燥的理论灌输教育变得生动有趣，让灌输对象在形象生动的灌输环节中积淀理论知识，提升思想政治素质。

3.3.4　现代传播理论对马克思主义灌输理论的影响

现代传播理论对于马克思主义灌输理论的影响主要体现在灌输方式和灌输渠道的拓展和灌输载体的革新上。相比传统的课堂灌输、组织内灌输，现代传播理论不仅拓展了广播、电视、网络等大众化的灌输渠道，更是开辟了诸如报刊、手机短信、微博问政、公益广告、电子邮件、文艺传播等灌输方式。

灌输载体是灌输教育的桥梁，灌输载体的创新则是沟通灌输主体和对象的最佳媒介。现代传播理论对于马克思主义灌输理论的影响主要表现在：首先是灌输环境和渠道的拓展。课堂和会议是进行传统马克思主义灌输理论主倡的正式灌输教育阵地和渠道；而现代传播技术使灌输阵地无所不在，无时不可。其次，是灌输载体的创新。随着网络时代的到来，互联网传播作用日益增强，已经成为除报纸、广播、电视等大众媒体之外的第四大媒体。作为新时代的思想教育者，思想和教育方式也要与时俱进，要充分利用好网络这个信息传播平台，使其作用发挥得淋漓尽致。

然而，现代传播技术的多样性也带来了各种信息的膨胀和多元，直接造成了人们思想抉择的困惑和行为选择的差异，这给马克思主义灌输理论带来了巨大的挑战。面对新时期、新问题，要继续使马克思主义发挥其在社会意识形态中的主导作用，就必须转变传播方式，变被动为主动。在传播理念上，要改变原先传统的直线式点对点传播，倡导闪电式快速、多样、立体的多元传播理念和方式。在传播媒介上，要兼顾传统的报纸、广播、电视等媒体和手机、网络等新媒体。在传播方式上，马克思主义灌输要勇于突破传统的"灌输式""填鸭式"教育方式，要利用新的传播平台，充分发挥群众的主体作用，搜集各种舆情、民意，从而引导舆论主流。在工作方法上，要善于利用以马克思主义为指导的社会主义核心价值体系回答和解决广大人民群众最关心的问题，通过"造势"达到潜移默化的引导作用。除了这些，也要注重人文关怀，利用媒体平台，形成主流舆论传播态势，在传播中强化灌输对象的政治意识、大局意识，在事实求是中夯实基础，不断创新，为马克思主义思想教育营造良好的氛围，从而使马克思主义思想能融入到社会的各个领域。

3.4　当代社会理论引发的马克思主义灌输理论发展的结果

毋庸置疑，马克思主义灌输理论的产生、形成和发展同时代的发展是紧密联系的，随着时代的主题变化，各种理论思潮交错影响人们的思维形态。如前文所述，这对马克思主义灌输理论产生重大影响，引发了其发展，既为马克思主义灌输理论增添了新的时代内涵，又使其在与各种思潮、理论的交锋中摈弃了与时代发展不相符合的落后主张。具体表现在以下几个方面：

第一，马克思主义灌输理论的科学性增强。表现在：灌输的历史前提由革命年代主要面向工人阶级灌输科学社会主义以唤醒其自为意识，转向和平年代主要面向全体社会大众灌输社会主义意识形态必要性和优越性；灌输的主要内容除了保持经典马克思主义灌输理论的基本内容以外，还将当代社会文明中的积极成分纳入其中，其政治性、阶级性也由鲜明逐渐转为隐晦；灌输对象的自主性得到很大程度的尊重，逐渐取消了对于灌输对象"盖帽子""上岗上线"批判的强制性做法；灌输手段的政治强制性有所弱化，而教育引导性得到加强，将灌输与教育挂钩，灌输的主体也由相关专门的思想政治工作机构扩展为全社会的教育机构。

第二，马克思主义灌输理论更加注重对人性的关注。表现在：肯定人的需要是灌输的前提，人的发展是灌输的目的，人的不足是灌输的内容。由于作为灌输对象的人，其认知与需求十分复杂，因此务必对以下问题进行深度的了解与完善的分析后，才决定是否对其实施灌输：首先，被灌输者对灌输内容的需求如何，是否得益于这些内容；其次，被灌输者是否凭一己之力无法获得灌输内容，因而必须选择被灌输这种形式。再次，被灌输者对灌输内容的态度如何，是否乐意接受灌输的内容；最后，被灌输者是否了解灌输内容。要解答以上问题，灌输主体必须首先能够科学分析灌输对象的种种特征，妥善协调灌输对象的个人需求与社会的要求而不偏废；其次还需要根据灌输对象的年龄与心理结构、文化层次、思想觉悟、职业岗位、具体需求以及接受能力等对其区别对待，以增强灌输教育的效用。

第三，马克思主义灌输理论的内涵更加丰富。马克思主义灌输理论首先是以原则的形式存在的。必须把马克思主义灌输理论放到马克思主义灌输教育的目标与过程中去考察，才可能正确理解其内涵。马克思主义灌输教育的目标是提升灌输对象的政治与道德修养至一定水准，其过程则是教育者根据特定社会要求与人思想品德形成、发展的客观规律，向灌输对象施以针对性的系统灌输，解决灌输对象现有思想与应有思想间的矛盾。从微观角度看，鉴于灌输对象"现有"的知识、知识体系及认知水平与灌输理论在具体社会环境下所要求的"应有"思想仍存在一定差距，且该种差距是灌输对象在短期内仅凭自身努力难以弥补的，因而灌输行为实质上就是帮助灌输对象由"不知"到"知"，由不足到足，最终达到提高灌输对象政治与道德素质的目的。而从宏观角度看，灌输是马克思主义占领思想文化阵地的必然选择。

第四，马克思主义灌输理论的现实操作性增强。表现在：主张灌输对象在整个灌输环节中不再是任由灌输主体加工雕刻的原木，灌输对象的自我意识、潜能发挥被纳入为灌输之意义；认清灌输不仅是掌握先进理论和科学知识的一种途径或方式，而且是个体与人类文明交融互动的过程，灌输的双向互动性加强，单向传递性弱化。

第五，马克思主义灌输理论的生命力增强。表现在：这一理论本身是发展的、开放的，它随着环境变迁不断兼收并蓄，将一切优秀文明成果纳入到灌输的基本范畴；伴随着"灌输"宏观环境由战争年代到和平岁月的转变，形势的发展和变化使灌输的主体、客体、载体和内容都有了新变化，马克思主义灌输理论不拘泥于原有理论框架、经典作家的书面论断和观点，彰显出马克思主义灌输理论与时俱进的理论品格，这正是其生命力所在。

让"每个人自由而全面地发展"，这是马克思主义灌输教育必须坚持的原则和方向，也是马克思主义灌输教育的终极目标。只有坚持而且必须坚持这个目标，才能避免马克思主义灌输教育因其具体目标经常性变化而迷失方向。因为作为一种目标与方向的马克思主义灌输教育，内在地规定了我们"该做什么"和"不该做什么"，始终起着指引和约束的作用。

4 当代社会变迁引发的
马克思主义灌输理论的发展[①]

在革命战争时期，马克思主义灌输理论为无产阶级的思想政治教育奠定了理论基础，是我们革命赢得胜利和社会主义建设取得成果的重要思想武器。然而当前时代主题发生了变化：无产阶级的使命在中国由革命转为建设，时代也迈入了信息科技和知识经济时代。在这一时代背景下，知识、信息的传播几乎不受时间、地域、人员的限制，随之给人的思想带来巨大冲击，从而引发马克思主义灌输理论的发展，使其在当前海量信息充斥的信息社会继续发挥思想武器之作用。

4.1 灌输主体变迁引发的
马克思主义灌输理论的发展

在中国，最大的、广义的灌输主体是作为执政党的无产阶级政党——中国共产党。中国共产党领导统领、平衡着社会各阶层的根本利益和力量对比，终极目标是要带领全国人民实现共产主义、解放全人类，这是全体马克思主义者的最高追求和最根本利益。因此本书以中国共产党及其领导下的教育机构和教育者作为广义的灌输主体。它的变迁直接引发马克思主义灌输理论发展，包括：灌输主体观念的改变引发灌输价值导向的变化；灌输主体需要的改变引发

---

① 本部分详细研究成果《政府公信力的信息互通选择机理探究》见《中国行政管理》,2008,(8):116—120。

灌输主导内容的变化；灌输主体地位的改变引发灌输强弱程度的变化；灌输主体能力的改变引发灌输实际结果的变化。

4.1.1 灌输主体观念的改变引发灌输价值导向的变化

灌输主体是一个在探索中不断发展和完善的组合或个人，它有维护自己利益的本能，导致灌输主体理念上产生偏差，以及最终的决策失误。所以，广义的灌输主体对自身功能和性质的定位就会在总体上决定灌输的方式、原则、内容等。也就是说，灌输主体对于灌输目的、宗旨、原则、内容和方式的认识决定着灌输的基本价值导向。这就要求灌输者具有较高的素质，特别是对马克思主义灌输理论必须精通，才能在复杂的现实面前坚定信念，保持灌输的正面价值导向。

新中国成立以后，中国无产阶级的历史处境发生了改变，由革命的政党转变为建设的政党，灌输主体对于马克思主义灌输理论的基本认识发生了一些变化。这其中既有成功经验，更有十年浩劫的惨重教训。马克思主义灌输理论一刻也不能放弃，也不能对其有偏颇理解，关于这一点我党在十年浩劫中已经有深刻的认识，及时扭转了灌输的价值导向，从而保证了社会主义意识形态的正确航向。改革开放以来，随着时代的变迁，人们的思想观念发生了很大变化：社会主义意识、集体主义观念和爱国主义精神逐渐淡漠。针对这些变化，中国共产党首先坚定了马克思主义科学理论的基本立场，坚守思想领域的灌输阵地，帮助广大群众树立马克思主义信仰，引导人们建立科学的世界观、人生观和价值观，从而在全球各种社会思潮的激荡和诸多意识形态的撞击下仍然使我们的主流意识形态保持了纯净和正确的航向。因此，我们当前的社会主义建设能够取得如此显著的成效，在很大程度上归功于灌输主体对于时代环境的正确认识和马克思主义灌输理论的合理坚持。

灌输主体依仗自身所掌控的行政权力对社会信息的流通以及社会理论对人们产生的影响进行监控是灌输主体维护社会秩序正常运行的重要职能，也是灌输主体同灌输客体进行沟通所需要的基本条件。当灌输主体想引导或者控制灌输对象的思想或行为时，灌输意愿的目的影响着灌输的价值导向。但在现代社会，灌输主体的意图性更加隐晦，以至于有灌输对象一旦识破个别灌输主体不正当的灌输意图，便极力攻击灌输理论本身是谬误的，而非追究灌输主体的主观责任。另一方面，将执政党作为灌输的主体加以分析：执政党由于掌握着政权，它是社会中最大的信息掌控者和发布者，如果执政党与灌输对象的沟通失当，执政党就无法满足灌输对象对信息的需求，这在客观上激发灌输对象和媒体利用自身的渠道去发掘信息。而灌输对象的能力有限，这些自发发掘的信息多半具有片面性，只能作为未经证实的传言在小范围内传播蔓延。灌输对象对于灌输内容的不满足，也带来了对灌输这种方式的不认可。

随着社会的变迁，思想政治工作方面出现了许多新内容、新载体和新方式，这给思想政治工作带来很大挑战。面对这复杂的新思想政治环境下全世界各种思想不同意识形态的撞击形成的压力，思想政治工作要做好，就必须将引导人们思想的方式和帮助人们树立马克思主义信仰作为思想政治工作的重要内容。在现有条件下，要减少新的思想政治环境带来的负面影响，就必须坚持以马克思主义理论为指导，坚守马克思主义阵地，弘扬爱国主义，学习发扬科学社会主义发展观，以先进的马克思主义思想、理论武装人们，帮助人们树立正确的民族观、价值观、世界观，从而更好地弘扬社会主义的核心价值。灌输理论作为马克思主义思想政治教育理论的重要内容，是进行思想政治教育必须坚持的基本原则。在新时期，要继续把思想政治工作做好并大步推进，就必须坚持灌输理论的重要地位，要在全球化背景下使灌输理论与时俱进，保持创新，是思想政治教育沿着正确方向发展的重要保障。

4.1.2 灌输主体需要的改变引发灌输主导内容的变化

时代的变迁使无产阶级在当今中国的使命不再是争取自身自由解放，而是进行社会主义的经济、文化建设，由此引发了灌输主体需要的改变。主体对社会大众灌输的目的是要保持社会主义意识形态在广大人民生产生活中的主导作用，保持我们社会主义的基本政治制度，以便在更大程度上推动社会主义现代化建设事业。这一主体需要的改变，引发当下马克思主义灌输理论中主导内容的变化。

首先，从总体上看，作为最大、最主要的灌输主体，执政党及其授意者在当前的最大需求是要满足最广大人民群众物质文化要求，从而号召人民以经济建设为中心，同时共建社会主义先进文化。在这样的主体需求背景下，灌输主导内容的阶级性被弱化，而科普性得以加强。阶级斗争不再是灌输的主导性内容，转而向社会主义核心价值体系倾斜，更加注重用科学的理论引导人民；政治立场也不再是灌输的前提条件，灌输的政治性意义弱化，转而向社会主义道德倾斜，更加注重用社会舆论影响人。

其次，从操作过程上讲，执政党是统领意识形态的特殊政党，执政党不仅要巩固自身的地位，而且要尽可能地维持自身的有序运转，这就必须控制和管理灌输的内容。在执政党的管理实践中，个别党员或党的分支机构为了自己的业绩，过分宣扬自我业绩和优势取宠于民，期望通过灌输对象一时的情感颂扬掩盖自身的虚荣；也有极少数党员干部错误地理解自己的角色，把自己化身社会的控制者，将个人或部门利益凌驾于人民之上。这些对自身功能、职责的错误理解导致灌输主体只愿意采取单向的方式与民众沟通，选择性向民众发布对自身有利的信息。这种有选择发布的信息是不平衡的：对灌输对象渴望了解的敏感信息有多方顾虑，不敢冒险告知；而执政党的社会功能、方针政策、形象宣扬等常规性信息则充塞灌输对象的视听，其结果是灌输主体公布的信息与灌输对象信息需求不相匹配，引发灌输对象的广泛不满[121]。

灌输的最好前提条件是灌输对象自觉需要接受灌输内容，但是缺少灌输主体的引导、培养，要让灌输对象形成对灌输内容的自觉接受是很困难的。灌输主客体之间的沟通要想有效进行，灌输主体必须做好充分的准备工作，在掌握灌输规律的前提下，构建良好的沟通机制，逐步培养灌输客体的沟通能力，从而增强灌输客体同灌输主体沟通时的理性，增强灌输主客体的相互信任感，使灌输的效果强化。在探寻美国执政党和公众逐渐疏远的原因时，斯科特·卡特李普说："是这个缺乏人情味的社会产生了一个没有人情味的执政党。今天对于这个庞大而复杂的执政党来说，需要及时地建立一套倾听与了解公众抱怨与痛苦的渠道体系，尽快地扭转这种局面"[122]。

4.1.3　灌输主体地位的改变引发灌输对比力量的变化

随着历史发展和社会变迁的推进，传统马克思主义灌输理论的主客体地位都发生了巨大变化。尤其是当代信息技术和知识经济的发展，革命性地改变了人们的生产生活方式，互联网的发展更是极大地变革了灌输的有效渠道和方式。尽管如此，灌输主体对于灌输内容掌握的主导权并没有发生根本性的变化，社会意识灌输和传达的主动权仍然掌握在灌输主体手中，他们借助最新的传媒技术和手段对广大灌输对象实施线性灌输，在灌输过程中主客体和媒体中介的地位具体表现为：主体主导灌输过程，媒体传达灌输内容，对象接收灌输内容，消化并反馈。社会变迁导致灌输主体的绝对主导性和控制性发生变化，在灌输过程中，灌输主体与客体之间的这种力量对比的此消彼长，影响灌输对象对于灌输内容接受的程度。

在整个灌输活动中，灌输主体是组织者和行动者，处于主导地位。因此，要保证理论灌输的顺利有效，就要求灌输主体必须具有强大的威信，这种威信是灌输主体进行灌输的最有效的资源。然而现代社会对于民主自由的强调和对于灌输客体自主性的尊重，导致灌输主体的绝对权威受到挑战。胡特恩明确指出在灌输过程中，不能把灌输对象看成是灌输主体达到自己目的的工具。在现代条件下，灌输对象已经不再是被动的接受者，他拥有自己的选择自主权，是一个积极的学习者。因而，灌输者的地位相应的也不再是单一的灌输者，也应当同时是灌输对象的倾听者和解惑者，要与灌输对象一起"畅谈"，共同形成新的认识和思想，两者的基本地位应当是平等的，他们的思想也应当是双向交流的、互动的。

灌输主体地位的变化促进了灌输主体对于灌输教育方式的反思。由于主客体对比力量的改变，导致双方相互牵制，因而灌输主体灌输给对象的内容就不再仅仅是对外部已存知识的模仿和传送，而是要求对象参与到新知识、新思想的构建中，主体的作用更多体现在引导上，而将更多自主选择、反思和建构的权力交予客体。在整个灌输过程中，灌输主体应帮助客体反思现存知识、意识和观点，以引导对象对于核心价值体系的坚守改善和自身判断能力和思考能力的增强。这对灌输主体的素质提出较高要求，灌输主体需要精通马克思主义理论，还要能够准确地运用马克思主义世界观分析现实各种问题，并且在现实比较复杂的时候明辨是非，给人们答疑解惑。

灌输主客体之间力量对比的变化，导致灌输的单向线性模式逐渐向双向沟通模式转变。灌输主体与客体之间的沟通模式有惯性自发和自觉两种模式，但是自觉沟通产生的效果要更好一些，特别是现代信息技术越来越发达，公众的参政意识也越来越强，这使灌输主体的灌输行为面临严峻的挑战。灌输主体和客体之间的沟通与灌输主体之间的横向沟通不同，也与灌输客体内部群体或个体间的沟通不同，自发沟通容易引发误解，导致思想上的混乱，对灌输主体的需要无利。因此，灌输主体力量的强弱很大程度上会影响灌输效果的好坏。

4.1.4　灌输主体能力的改变引发灌输实际结果的变化

马克思主义理论的精华对灌输者来讲是必须把握的，现实中显现的新问题也需要灌输者去深刻认识，灌输者的能力应当适应民主体制与社会外在环境等的变化。灌输者必须提升自身的人格魅力、思想魅力，以此赢得大众的认同、信任和支持。这样看来灌输者必须注重其自身能力的培养，列宁同志曾对此有过感慨，他认为灌输主体有两种角色：理论家和宣传员，兼顾理论的研究工作和人民群众的宣传组织工作，融入到社会所有的阶级当中。

列宁的观点中阐述了作为灌输主体所涉及的四种角色和应该具有的若干基本能力：理论上要有深厚的造诣，写法上要有生花之笔，才情四溢富有激情，在组织动员上要得心应手。列宁在此曾特意提到，灌输主体首先要搞懂马克思主义理论，灌输者应当具有明确的共产主义信仰和丰富的马克思主义理论知识。另一方面，真正的理论家不能简单地教条化地使用马克思主义，马克思主义理论也会随着社会经济的发展得到升华，作为共产主义的研究者要把它与社会现实的实际情况相结合，在工作中探讨马克思主义在新时代中的理论价值与现实指导作用，不能教条化地死搬马克思主义理论。

传统的灌输行为有着明显的缺失，灌输主体的综合素质明显落后于社会形势。这表现在：有些灌输主体自身对理论的把握深度不够，无法理解与掌握马克思主义理论的结构性、完整性、科学性；有些灌输主体对灌输艺术的重视性不强，照本宣科，枯燥无味，"满堂灌""一言堂"，很难引起灌输客体的学习热情；有些灌输主体观念落伍，盲目地突出自身主导地位，忽略了灌输客体的实际境况，夸夸其谈、无的放矢、居高临下、想当然地说教，本质上不是主体与客体地位平等的、互动的交流，因此会引起客体的强烈反感，这体现了"单向灌输"强制灌输模式。

在灌输这一过程中，灌输主体收集灌输对象的理论修为、思想觉悟和政治认识等信息，并通过对灌输过程进行总结，以便更有针对性地做好教育灌输的铺垫工作，提高灌输的实效性。因此，在实际的灌溉教育工作中，有必要针对不同层次的灌溉对象依照不同的标准来要求。从广大党员干部这个层面来说，应提出较高的要求，以帮助他们坚定自身的马克思主义信念，明确共产主义的远大抱负。从广大的普通群众层面来说，为了使其成为有理想、有文化、有纪律、有道德的社会主义新人，在对其加强马克思主义理论教育的基础上，还应进行社会主义、爱国主义、集体主义的公民教育，引导他们增强鉴别各种腐朽思想文化和抵制资产阶级意识形态不良影响的能力。

4.2　传播媒介变迁引发的马克思主义灌输理论的发展

当某种媒介用于传递附有一定意义的信息时，就被称为传播媒介。现代社会传播媒体普遍存在，有普遍性、互动性、即时性的特点。互联网等新媒体的兴起正在深刻变革媒体传播的内在结构和总体布局，并逐渐以破竹之势成为引导社会舆论的重要基地。因此，当今互联网已成为社会舆论的放大器或者是思想文化信息的集散地。知识经济时代，新知识、新技术、新观念层出不穷，传播媒介向思维领域的突进与传统保守说教的灌输方式形成强烈的反差，这给灌输教育带来了新的挑战和发展机遇，具体表现为：传播媒介的变革影响灌输方式的革新、传播媒介的普及影响灌输内容的可得性、传播媒介的便捷影响灌输内容的迅即性、传播媒介的自主性影响灌输内容的真实性。

4.2.1　传播媒介的变革影响灌输方式的革新

科学技术飞速发展，几乎每项科技进步都会给人们的生活带来重大影响。传播媒介和技术的进步给马克思主义灌输理论带来的直接影响就是灌输手段的革新和灌输方式的变革。据新华社转发的中国互联网络信息中心（CNNIC）发布的《第29次中国互联网络发展状况统计报告》中记载，截至2011年12月底，中国网民规模突破5亿，全年新增网民5580万。互联网普及率较2010年提升4

个百分点，达到 38.3%[123]。网站数在 2011 年下半年实现止跌，并快速回升。中国手机网民规模达到 3.56 亿，同比增长 17.5%。与前几年相比，中国的整体网民规模增长进入平台期[124]。工业和信息化产业部 2011 年 5 月 24 日发布的通信业运行状况显示，2011 年 1 ~ 4 月全国移动电话用户累计净增 4138.6 万户，总数达到 90038.9 万户。其中 3G 用户净增 2052.1 万户，达到了 6757.2 万户。而据《纽约时报》2012 年 2 月 14 日网络版报道，市场研究公司 Forrester 称，智能手机用户数量四年内将达到 10 亿，其中许多人将用这些设备办公[125]。由此可以看出，现代传播媒介的影响面正在逐年递增，这对于灌输方式的影响是深远的，马克思主义灌输理论要根据这些传播媒介的革新和普及对人们生活和思想的影响，相应地做出调整。

初略统计，现代传播媒介使灌输出现了以下新的方式。

第一，通过网络进行灌输。互联网的普及使人们的信息获取发生了革命性的变化，网络开放性和共享性的特征使其成为大多数社会成员表达情绪和获取信息的重要平台，事实上网络不但成为人民群众进行商务沟通、生活交往的渠道，更是交流思想、交换意见的重要场所。由此，网络灌输已经越来越受到灌输主体的关注，网络逐渐成为灌输的重要通道和载体，网络灌输作为新兴灌输手段之一，成为了思想政治教育硬性灌输的延伸。具体渠道和方式包括：远程单向传播灌输（如官方网站、声明、视频播放等）、网络学习平台灌输（如学习网站、校园网站、搜索引擎等）、交流共同体内相互影响灌输（如 BBS、博客、论坛，邮件等）。

第二，通过移动终端灌输。现代传播媒介除了互联网络还有基于互联网的其他一些移动终端。这些移动终端对于传递灌输内容具有快速、方便、影响面大、权威性强、认可度高的特点。采取移动灌输不会受到时间、地点、对象的限制，只要灌输对象持有一定的移动终端设备就可以进行灌输。伴随着 4G 时代的来临，移动设备几乎被每个社会成员所持有，占据这一灌输渠道和方式将极大地加强灌输的力度和有效性。移动终端灌输的具体渠道和方式包括：通过手机（短信）灌输、便携式媒体灌输、广播灌输、移动传媒灌输等。

第三，传统说教与现代传播媒介结合。现代计算机、网络技术的发展为传播媒介变革提供了强大的技术支持，而现代传播媒介的变革对于马克思主义灌输理论产生了重要的影响。越来越多的现代化媒介设备投入到灌输教育之中，以学校教育为例，大量多媒体设备在课堂的使用不得不说是传统灌输方式与现代传播媒介相结合的典型方式。传统说教方式和现代媒介传播方式在灌输上各有优势和缺点，相互取长补短，更能提升灌输的效率。

4.2.2　传播媒介的便捷影响灌输内容的可得性与迅即性

如上文所述，现代传播媒介的普及为灌输提供了更为方便快捷的渠道和方式，人们获取信息的可能性和可行性极大增强，这实际上也为灌输内容获取的可得性提供了基本条件，任何人们想要得到的、关注的信息都能够通过以网络为代表的现代传播媒介获得，这为灌输内容的流通提供了顺畅的通道。

传播媒介介入灌输，可以提升灌输的人性化和针对性，这便于灌输对象对于灌输内容的选择和内化。传统媒体采用自上而下的传播方式，媒体在进行信息传播时就掌握着话语主导权，而公众则很少享有发言权，对于传播内容的影响微乎其微。而新媒体则采用双向的互动传播方式，灌输对象既是信息接收者也是发布者，这使得灌输对象在原本闭合的灌输环节中，主动性增强，有更多的机会参与和发起公共讨论，表达自己的情绪、态度和观点。此时，灌输主体可以根据灌输对象在传播媒介上直接或间接反馈的意见和观点，进行有针对性的处理和对待。在这个意义上，传播媒介介入灌输过程实际上延伸了灌输主体的眼睛和耳朵，使灌输活动更人性化。

传播媒介介入信息传播以后，极大地提升了信息传播的迅即性。无论是社会理论、党的方针政策、政治意图抑或是突发性事件、群体性事件，传播媒介的报道已经成为人们获取这些信息最主要、最快捷的方式。传播媒介具有相当的自主性，能在事件发生的第一时间，以最简明的、直接的方式向社会大众传达，形成社会舆论，并以舆论方式对社会大众单方面传达自己的意见或者相关部门授意的意见，以公共舆论方式实现灌输的实质性效果。

新兴传播媒体最大的特点就是传播速度快、影响面广，即使是很小的一件事情，只要通过合理的包装，也能吸引更多人的关注，使其从局部事件发展为全国事件，甚至是全球事件。更何况如是灌输主体有意为之的话，其影响力和效果更是不言而喻。

4.2.3　传播媒介的自主性影响信息真实性与灌输必要性

新闻媒体在西方被称为独立于立法、行政、司法以外的"国家的第四部门"，媒体所灌输的内容在很大程度上引导着灌输对象所关注的焦点。西方媒体已经成为了一种真正独立的经济实体，不再仅仅是执政党的"宣传阵地"与"喉舌"，他们具有自己独立的利益，敢于发表自己的评论和观点，这样的改变是因为发达的现代信息技术以及民主政治的推进。西方媒体在发展成为一把"双刃剑"的同时，影响灌输主体和灌输对象。一方面，传播媒体要迎合灌输主体政治需要，不可避免地分担着一定的政治灌输主体角色，承担了灌输的任务。另一方面，由于信息孤岛现象的存在，灌输主体掌握着大部分的信息，传播媒体为了追求自身经济利益的最大化，提高自身竞争力，就必须解决灌输对象的"信息饥渴"问题，为了迎合市场的需求，夸大或扭曲灌输内容，导致大量低值、无值的信息充斥沟通过程，灌输主体的本意不能为灌输对象了解，间接抹杀了灌输内容的真实性[126]。

媒体的信息传递是把双刃剑，一方面可以拓宽灌输主客体之间的沟通渠道，另一方面由于信息的多样化也可能使灌输主客体之间的信息扭曲、失真，不能真正发挥沟通过程中信息的价值。媒体灌输行为之所以表现出如此强烈的经济性倾向，是因为需要满足公众的"信息饥渴"，选择那些比较重大的、敏感的政务信息进行传播。媒体作为经济实体，拥有独立的利益，为了追求经济利益的最大化只有加工、整理、传播信息才能维持媒体自身运转。媒体对所挖掘到的信息进行"增殖"加工是出于市场需要，因为媒体通过各种渠道挖掘出来的信息总是不完整的，执政党对党务信息进行了严密的控制。这样即是同一信息的加工过程又受到多种因素的影响，比如媒体自身价值观念、利益团体操纵等，各大媒体总会自加上利益团体的主观偏好，因此导致夸大或扭曲政务信息的价值。

传播媒介方式方法、价值追求的变革影响着人们对于灌输本身的认可程度。比如，公众在接受到不符实际的经过媒体加工的政务信息后，只会有一种被欺骗愚弄的感觉，而不会有辨别真伪的意识和行为，而且矛头直指灌输主体，因此在媒体传播环节中灌输主体就丧失了权威性和公信力。

媒体对于灌输的影响最主要是采取社会舆论的方式实现的。然而，新兴媒体在给人们获取信息带来便捷的同时也为流言和负面意识形态的传播提供了方便。虚假信息传播者应当担负的责任和义务被互联网络的虚拟隐匿性削弱了，因此致使大量不健康内容和腐朽意识形态通过 BBS、博客、论坛、电子邮件、手机等新媒体以流言、短消息等形式随意传播。这些流言和消息大多数一经网络发布便会在转载中不断变异，其蔓延速度呈几何级增长，并引发连锁反应，甚至对现实生活产生重大影响。可见，现代传播媒体尤其是网络传播的消息除了官方正式发布的以外，公众很难辨别其真伪，容易引发人们的非理性情绪，一旦流言形成舆论，就难以轻易消除其负面影响。因此，在网络舆论格局中，主流网络媒体尤其是执政党的网站和公众关注度高的网站必须充分地发挥其积极作用。因为权威信息及时准确地发布能够压缩虚假信息的传播空间，有助于网民在浩如烟海的信息中鉴别信息的真伪，不会被居心不良者利用，这将有利于社会稳定团结。同时，应该注意到把网络民意纳入主流舆论中，提升舆论引导能力。

准确性不高是网络传播的另一个特点。网络新闻和信息的正式性和可信度总体较低，各类虚假信息通过跟帖、博客等途径误导公众、混淆视听，不断考验着人们的判断力，造成了不良的负面影响，对人们形成正确的思想政治素质和心理素质产生了严重的干扰和破坏。如果对于某些网络舆论造成的负面影响不及时处理、澄清，可能会纵容这些片面的消极言论损害党和国家的形象，更严重的是可能将网络舆情演变到现实中真正的恶性事件，造成社会的不稳定。

正是现代传播媒介传播以上特点，使我们更加要坚持马克思主义灌输理论，才能使人们在信息海洋和各种思潮的混乱冲击中保持清醒的头脑。因此，灌输主体应当借助网上论坛、官员博客等各种传播形式，充分利用与社会发展相契合的信息手段主导主流社会价值体系在网上的舆论。

4.3 灌输客体变迁引发的马克思主义灌输理论的发展

灌输活动针对的对象是灌输客体，灌输客体对灌输信息的理解和掌握程度，决定了灌输活动能否取得成功。随着新的历史环境的变迁，虽然灌输客体本身进行着深刻的变化，但其在接受理论灌输这一本质问题上是不变的，列宁在灌输理论方面讲到的客体依旧存在。当然，在社会的飞速发展和社会生产力的极大提高的背景下，人的综合能力有了较大的进步，当代的灌输客体和列宁时代的灌输客体不能同而论之。随着经济全球化一体化趋势的日益加深和科学技术的日新月异，灌输客体自身显现出了诸多新特点，这些新特点推动马克思主义灌输理论产生了一系列新的变化。包括：灌输客体权利觉醒引发对灌输的抗拒性、灌输客体自主性增强引发灌输双方对立、灌输客体能力限制导致灌输效果的差异性。

4.3.1 灌输客体权利觉醒引发对灌输的抗拒性

随着社会主义民主的推进，人民群众的民主权利意识大大增强。但是，客体权利意识的觉醒也随之带来灌输主客体的对立，引发客体获取信息的主动性和对抗性，主要表现在以下几个方面。

第一，灌输客体主体性意识的增强导致对灌输内容接受程度的降低。在近代科技的极大发展和对"人的发现"的大背景下，人的主体意识日益凸显。主体意识追求的是人的精神自觉，换言之就是个体对自身自有价值的认识，其中就包括对自我的认识、对自我的评价、对自我的控制、对自我价值的实现等。个人主体意识的普遍深入发展深化了人类对其自身的主体地位、主体能力与价值的自觉认识，也极大地推动了现代文明的进展。从这个角度来讲，个体主体意识的增强标志着现代社会的进步。自改革开放政策实行以来，在全社会对人生价值广泛讨论和对"自我价值"深入反思的基础上，人们对以往的轻个体价值、重社会价值的传统观念进行摒弃，主体意识得到觉醒，因此希望摆脱权威的束缚，依照其自身意志进行自主选择，达到自我发展。由于灌输客体出现了重大变化，灌输主体对传统灌输的接纳程度有所下降，对以往上传下达的硬性灌输方式进行抵制，按照自身实际需求筛选灌输信息，以自己的判断对接受内容进行选择。

第二，灌输客体科学素质的提升导致对灌输内容科学性的加强。随着改革开放的序幕拉开，在讨论文化大革命的性质和真理标准界定的过程中，社会深刻地反思了"文革"中的盲从行为，重新审视了以前"左"倾思潮与假、大、空的思想政治工作。由此促进了人们对传统灌输方式的摈弃与批判思维的极大发展。人们开始学会质疑，懂得进行逆向思考；也开始以怀疑的和批判的视角观察周围，从而不再满足现成的结论，不再一味迷信权威，不再人云亦云；甚至有人对灌输有了严重的逆反心态，灌输被当成了"左"倾的代名词。正因为灌输客体产生了这一特征，在接受灌输的过程中，他们难以简单地接受灌输，会反思和质疑灌输内容，甚至对灌输有所排斥。这一形势就更要求灌输内容有较高的科学性。

第三，灌输客体对物质追求的攀升导致对意识灌输抗拒性增加。由于市场经济中现实利益的驱动与现实生活的需求，人们的物质文化需求不断提升，住房、汽车、出游、健康日趋成为现代人所追求的四大目标，品牌消费、信息投资、文化快餐、人际网络正日益成为当下社会的时尚。但另一方面，青少年中"精神营养不良"现象却在逐步增多，"文化沙漠"的状况在逐渐蔓延，"富了口袋，穷了脑袋"的情景愈演愈烈。由于不良社会风气的影响，社会上攀比之风往往盛行，人们的物欲膨胀不止，但在精神方面的追求上却是贫乏的，社会主义理想信念有所动摇，在理论灌输的需求意识层面上越来越显现出了弱化的倾向。理论灌输的空间越来越有限，造成了理论灌输的难度越来越大。

第四，灌输客体自主选择灌输内容导致灌输途径多样性增强。在改革开放大潮的洗礼下，中国人民的胸襟与视野得到开阔，思想理念也更为开放多样。进行社会主义现代化经济建设和推动科技的高速发展，需要人们有海纳百川的博大胸怀和气魄，借鉴世界上一切先进文明的经验理论和科技实践，增强与世界各地的经济往来与文化共享。这就要求人们转变以往传统单一、封闭式的思维模式，塑造全方位、多种视角并重的开放式思维模式。使人们的思想理念跳出传统狭小封闭的区域将视角投向更为广阔的天地。因此在灌输的过程中，就要求我们不断探索灌输的途径，开展灌输实践时注意采取更为开放的方式、更为灵活的手段和更为丰富的载体，从而对灌输客体多方面、多层次的需求进行满足。

4.3.2　灌输客体自主性增强引发灌输双方对立

灌输对象根据各自的需求、情感和兴趣确定自己需要什么样的信息，从根本上说即在与灌输主体的沟通互动中获得自己所需要的信息和知识。

在一定社会环境条件下，灌输对象的个人因素决定着其对灌输主体身份的认同，以及其对从灌输主体或者媒体处接收到的灌输内容的理解。这些个人因素包括：个人的基本文化素质、对待事物的态度、自身的社会经历、心理状态以及个人利益等。受到这些个人因素和外在特定环境和历史因素的共同影响，灌输对象在与灌输主体的相互沟通过程中，难免会产生对立的情况。

一方面，根据各自的利益需求，灌输对象对于灌输主体的意见和看法会有不同的解读。内在精神世界与灌输内容不相适应、利益的分化，容易引发客体接收信息的选择性，从而引起人们思想认识上的分歧和社会离散的倾向。另外，灌输对象在信息判断中的非理性倾向，容易引发反灌输主体行为的产生，易受到挑唆遵从流言，降低了对谣言的免疫能力。

另一方面，从执政党金字塔般的组织结构制度层面上说，长期以来迷宫似的行政运作程序，使灌输对象与灌输主体的沟通十分困难，灌输对象与灌输主体之间的沟通渠道被堵塞，导致灌输对象尽量避免与官府打交道，对政治权威采取敬而远之的态度，淡化了沟通和参与的意识。

此外，"数字鸿沟"也使灌输对象没有足够的能力和机会去接受充足的灌输内容，信息技术发展的不平衡性不仅造成灌输对象无法反馈信息，也造成了灌输对象对灌输主体的误解加深，灌输内容无法及时澄清的困境。

4.3.3　灌输客体能力限制导致灌输效果差异性

尽管随着信息技术的发展和民主进程的推进灌输对象与灌输主体之间的沟通在不断地增强，同时灌输对象获取的灌输内容在渠道和数量方面也呈几何级数增长，但是灌输对象在与灌输主体进行信息沟通时，由于受到其自身文化素养、理解问题能力、生活环境条件等多种因素的影响，仍然处于被动的客体地位。

灌输对象在与灌输主体日常的信息沟通过程中的行为往往是被动的、非理性的，他们不会主动甄别所接收到的信息的真伪，往往对信息做出基于自身经历和眼前需要的主观臆断，同时，疏导情绪也主要采取抱怨、流言等方式在小群体范围内表达不满，不会利用规范渠道为自身利益辩护。

与此同时，灌输对象容易误解灌输内容的真理性和价值性，封闭在的狭隘视域里。灌输对象在信息活动中，总希望选择那些方便、易用、可行的信息，避繁就简，以最小的成本、最少的时间去获得所需要的信息。即灌输对象往往宁愿花费很大精力去寻求那些跟自身眼前利益相关的东西，也不愿意花简短的时间和精力去改造自己的精神世界，为自己的长远利益谋划。

综上所述，这些变化要求我们根据灌输客体的变化更新灌输理念，拓展"灌输"空间，创新"灌输"方法，提高"灌输"效果，使灌输理论在新世纪永葆青春和活力。灌输活动要求我们了解灌输客体的时代特征，在这样的背景下将对传统的灌输模式提出新的挑战，产生不同程度的影响。

4.4　当代社会变迁引发的马克思主义灌输理论发展的结果

当代社会变迁，尤其是作为灌输关键环节的灌输主体、灌输媒介和灌输客体的变迁，直接引发了马克思主义灌输理论的发展。如前文所述，这些变迁主要表现在：权利意识觉醒带来灌输主客体的对立，引发客体获取信息的主动性和对抗性；内在精神世界与灌输内容的不相适应，引发客体接收信息的选择性；个体能力和条件限制，引发客体甄别信息的自发性；价值取向多元对灌输内容的渗透，引发客体消化信息的差异性。社会变迁引发的马克思主义灌输理论发展表现在以下几方面。

第一，马克思主义灌输理论自身科学性被社会变迁的物质性利益性弱化。现代社会变迁已经深刻地改变了人们的生产生活方式和学习交往方式，进而改变了人们的思维模式，人们对于物质利益的追求比以往任何历史时期都更加明显，而精神层次的追求首先被物质层次蒙蔽。这种社会现象同样反映在灌输过程中：灌输主客体和灌输渠道各自权益的伸张，导致三者在灌输过程中形成博弈，灌输成本、效益、效率成为三者都十分关注的焦点问题，而灌输内容本身的科学性和发展性处于相对被忽视的地位。这是一种十分危险的现象，思想政治工作具有很强的科学性和艺术性，它的研究对象包括人们自身思想发展的规律和党对人民群众进行思想政治教育的规律。它在实践过程中必须要做到"有的放矢""矢必中的"。因此，"矢"与"的"是思想政治工作者在研究中需要重点下功夫的两个要点。"矢"的研究就是了解和掌握马克思主义基本理论以及我党的基本方针政策，"的"的研究就是分析人民群众形形色色、千变万化的思想活动，并把握其规律性。作为思想政治工作的一种重要手段和人们习得社会性的主要途径之一，灌输在任何情况下都不应该被忽视，但是只有科学的理论面对社会的变迁和冲击才会具有生命力，机械和高压手段已经被现代社会所抛弃，用科学的理论才能真正武装人的头脑，指引人的行为。因此，马克思主义灌输理论的科学性在当代社会应当更加引起重视，不断改进，不断完善。

第二，面对复杂的社会环境变迁，马克思主义灌输理论的必要性更加彰显。现代传媒环境对于灌输过程的介入，不但丰富了思想政治教育的内容，同时也产生了一些新的方法和途径，构建了灌输主体和灌输客体之间平等对话的平台。尤其网络信息资源的庞大与便捷使得人们获取知识和信息的渠道更加广泛，虚拟世界更成为他们表达思想、交流感情的重要场所。然而，由于现代传播媒体受到的监管还有待加强，虚拟网络传播的技术也不够完善，社会舆论的伦理道德还没有形成，导致大量黑色、灰色、黄色不良信息充斥各种版面，各种消极社会思潮甚至反动言论广泛散布。这些消极文化意识严重冲击着社会主义主流道德文化，加之西方少数敌对分子和敌对势力借用现代信息技术和传媒手段加紧对我国广大人民群众进行腐朽意识形态的渗透和所谓"和平演变"，严重干扰和破坏了社会大众健康心理素质、科学意识形态和正确政治素质的形成和坚定。这种情况一旦蔓延，将会严重影响国家和民族的进步，让社会主义的敌对分子和敌对势力得逞。因此，在现代社会变迁加速的情况下，发展和完善马克思主义灌输理论，科学利用现代传媒阵地坚持对社会大众进行主流意识形态和社会主义核心价值体系灌输教育的必要性尤为突出。

当前，在新的时代背景衍生出了新的时代主题，世界格局相对稳定，物质基础所决定的上层建筑有了很大发展，人们的文化程度和意识水平都普遍提高，但并不意味着人们的思想和意识形态已趋于稳定，此时理论灌输的存在具有更现实更重大的意义。这是因为：首先，在新的历史条件下，人们的认知水平虽有所提高，但不可能不学而知，马克思主义基本原理仍然需要灌输；其次，在当今世界日趋激烈的竞争氛围下，意识形态领域也成为了一个斗争相当激烈的领域，抢夺先机是最为关键的，如果让各种非马克思主义的思想所占领，那么马克思主义思想将毫无栖身之所。在信息大爆炸、经济全球化的今天，所谓的"全球意识"大行其道。在利益的驱使下，"灌输"成为了各阶级对全社会洗脑的重要途径，他们都力图让全社会接受并认同其阶级所代表的意识形态，从而使之成为公共意识形态。西方发达国家已开始了范围更广、影响更深、手段更隐蔽的"灌输"实践，其对社会主义国家思想渗透已无孔不入，进而加剧了意识形态领域斗争的复杂程度。由此可见，社会主义国家只能加强理论灌输，才能削弱其他思想的影响，从而更有效地反对思想渗透。"灌输论"作为马克思主义的重要理论，与诸如"实事求是"等马克思理论原理一同构建了马克思主义的理论宝库，它们都具有共同的理论品质——与时俱进。

第三，马克思主义灌输理论对于灌输主体素质能力提升的要求增强。现代社会变迁已经改变了灌输主体的观念、需求和地位，这无疑导致马克思主义灌输理论中对于灌输主体素质能力的基本要求发生改变。表现在：其一，转变传统以灌输主体为主导、单向式知识传授灌输观念，代之以注重灌输客体主体性、启发式和双向交流式的培养创新意识和创新能力的灌输观念，将整个灌输过程从"授之以鱼"转变为"授之以渔"的过程，提升灌输客体获取新知识、分析和解决问题的能力。其二，灌输主体既要有坚定的政治立场又要有渊博的科学文化知识。新形势下马克思主义灌输理论要求灌输主体应该身体力行，以身示范：无论是在政治立场上、思想作风上还是知识储备上都应成为灌输客体的表率，如此才能具有权威性和说服力，以既渊博又专业的知识结构，及时针对灌输客体思想的热点、难点、敏感点，增强灌输教育的吸引力、感染力。其三，灌输主体要针对社会大众民主意识的回归，充分重视灌输客体的个性与思想，尊重、理解和关心灌输客体的心理状态与思想动态，在灌输教育中充分体现民主的原则。

第四，马克思主义灌输理论对于媒体载体打通灌输渠道的诉求增强。现代传播技术的发展为灌输教育开辟了新的渠道，因而马克思主义灌输理论对于灌输手段更新的要求亦更加突出。除了对于在传统灌输实践中已经探索出的卓有成效的灌输方式和渠道以外，在新形势下，更要注重灌输手段和方式的不断更新，至少要与人民群众获取一般信息的渠道更新同步，提高灌输教育手段的信息化程度和现代化水平。首先应充分发挥高校资源优势，将传统传媒渠道和灌输手段与计算机等高科技有机结合，充分调动教育工作者和技术人才的积极主动性，一方面要致力于开发各类经济、实用的教育教学软件；另一方面要逐步建立起信息含量大、针对性强、层次分明、形式多样、扩展后劲足的开放网络，旨在有效传播社会主义意识，运用马列主义、毛泽东思想及邓小平理论为人们解惑答疑，服务社会，娱乐大众，最终使人们能愉悦地接受灌输教育，使灌输效果事半功倍。其次，高速信息化程序加速了"灌输"的进程，也为我们的灌输教育拓宽了渠道，因此，建立一个依靠群众，齐抓共管的多层次、全方位网络已势在必行。为此，一方面学校、教育工作者、受教育者、社会、家庭、舆论、党政工团需密切合作，齐抓共管，以确保社会综合引导的整合力作用充分发挥；另一方面，要建立科学有效的运行管理保障机制，并做到人力资源、物质条件、管理措施、工作制度、灌输方式、激励手段的"六落实"，以确保灌输教育的成功。

第五，马克思主义灌输理论对于灌输客体的自主选择性必须予以尊重。现代社会人民权益的觉醒和伸张，使得灌输客体在灌输内容、灌输渠道其至灌输主体的选择和接受上自主性极大增强。这是以往任何时代都不曾出现过的情况，客观上要求马克思主义灌输理论对此进行专门研究与反馈。首先，灌输客体自主性加强对于良好灌输环境和便捷灌输手段的需求增加。现代环境下，灌输客体可以借助各种传播媒介自主学习，使灌输不受时间空间的限制，摆脱以灌输主体为主导的机械式被动学习，灌输主要场地由课堂拓展至社会、家庭、社区其至虚拟世界，灌输对象在灌输过程中自我主导权力增加，但是客观上对于传播媒介正规性、健康性的要求增加。其次，灌输客体自主性的加强对于创造性发挥的需求增加。在现代技术条件和知识经济背景下，灌输客体对于信息的需求，不完全受书本知识、传统观念的限制，客体可以根据自己的主观需要，选择感兴趣的内容进行学习或关注。这对发展灌输客体的个性需求，发掘其潜能与智慧创造了可能性。

5 马克思主义灌输理论的
当代发展趋势

面对现代社会几大理论思潮的冲击和社会现实的变迁,人们的政治、经济、文化生活及思想观念、价值取向、行为方式等都发生了改变。针对这些现实情况,马克思主义灌输理论在遭遇认同危机的同时也迎来了发展的机遇,理论本身在与各种思潮的交锋中,不断涤荡自身的不足,完善其科学性成为在新的历史条件下继续保持合理性的基本保证。那么随着改革开放的不断深化和社会的进一步发展,马克思主义灌输理论会出现怎样的发展趋势,这是我们研究和发展这一理论必须要弄清楚的问题。

5.1 马克思主义灌输理论当代应用的实效性分析

5.1.1 坚守意识形态阵地,提升了政治防变能力

在意识形态领域争夺阵地的斗争始终是马克思主义灌输理论的根本任务,是关系到党和社会主义制度前途命运的大事。在当前的思想意识形态领域,社会主义思想不去占领,资本主义思想就必然会去占领,马克思主义灌输理论对于马克思主义基本立场、观念和方法的坚持,必然能够使我们继续坚守社会主义意识形态的阵地,面对纷繁复杂的国际国内形势,继续保持社会主义的前进方向,粉碎西方意识形态入侵的阴谋,提升政治拒腐防变能力。马克思主义灌

输理论在当代意识形态领域的实效性主要表现在两个方面。一是以对社会主义意识形态的灌输教育应对国际政治局势的风云变化；二是以社会主义核心价值体系的灌输教育应对国内经济形势的发展变化。

首先，我们以对社会主义意识形态的灌输教育成功应对了国际政治局势的风云变化。自新中国成立以来，西方势力从来没有停止过对于我们的意识形态的分化破坏，正是由于我党始终坚持马克思主义灌输理论，坚持和加大对马克思主义理论的灌输力度，用中国特色社会主义理论体系牢牢占领意识形态的阵地，随时注意防止和反对资产阶级自由化，粉碎了西方资本主义敌对势力对我国实施西化、分化的图谋，坚守了社会主义阵地不动摇。对比东欧剧变和苏联解体直接导致的社会主义阵营的全线崩溃，与其说是资本主义全面封锁的胜利，不如说是当时社会主义阵营国家对于社会主义意识形态灌输教育的巨大失败。在这方面，中国及时吸取了经验教训，坚定不移地灌输宣传马克思主义基本理论，坚守了社会主义意识形态对于人们思想意识领域的绝对主导，成功抵御了某些西方国家打着人权、民主、宗教等旗号，以其先进的信息技术手段，肆意搬弄是非、颠倒黑白，利用一切场合和时机进行的政治灌输。

其次，我们以社会主义核心价值体系的灌输教育成功应对了国内经济形势的发展变化。我国的改革采取由易到难，由体制外到体制内的步骤。由计划经济向社会主义市场经济转轨的过程中，一些难以解决的矛盾开始突显，引起人们思想认识、价值观念和思维方式的重大变化；再加上国外资产阶级腐朽思想的侵袭和国内封建主义的沉渣泛起，各种社会理论泛滥，引起人们思想的动荡和混乱。面对极为混乱的思想意识局面，我党始终用马克思主义的科学精神和基本原理武装群众，通过强化马克思主义的灌输教育，对一些反马克思主义、非马克思主义的思潮进行深刻的揭露和批判，对当前急需进行理论引导的突出问题做出科学有力的、符合实际的解释和说明，成功保证了我国社会主义现代化建设沿着正确的方向发展。近年来，与各种西方社会理论的交锋，与个人主义、拜金主义的争锋相对，与"法轮功"邪教的全面斗争等之所以能获得完胜，正是我党对于马克思主义灌输理论的坚守和合理运用的结果。

5.1.2　武装人民精神世界，巩固了社会主义核心价值体系

我们党作为执政党在思想政治工作中对广大人民群众进行的马克思主义理论灌输，增强了人民群众的政治认同感和使命感，塑造了他们的政治信仰和理想，提高了政治敏锐力和辨别力。这正是我党在十四届六中全会、十五大上倡导的"两手抓，两手都要硬"，"以科学的理论武装人，以正确的舆论引导人，以高尚的精神塑造人"等一系列重要论述的伟大实践结果。坚持马克思主义灌输理论已经成为新时期宣传工作和思想政治工作的重要任务。正是马克思主义灌输理论的应用保证了党的思想政治工作的实现，党的路线、方针、政策的上通下达，最后形成了广大干部群众的实践行为和力量，从而保证革命与建设取得胜利。

实践证明，我党的马克思主义理论灌输克服了市场经济对思想观念的双重效应，提高了人们辨别是非的能力，弘扬了社会正气，净化了社会风气和社会环境，确保了社会主义市场经济的方向。中国正处于社会主义市场经济体制逐步完善的历史性转折时期，马克思主义灌输理论用马克思主义以及马克思主义中国化的理论成果教育党员和人民群众，对人的观念、价值取向和道德标准进行培育和引导。在市场体系尚不完善、市场法律法规不健全的情况下，通过对科学理论和先进意识的灌输，提升了人们的思想道德境界，为发展社会主义市场经济提供了强有力的精神动力和思想保证。

社会主义市场经济条件下，人们的生活水平和科学文化素质较以前有了较大的提高，自主判断和自主选择行为的能力也有了较大的增强。建设社会主义核心价值体系是我们党应对思想文化领域的新变化而提出的一项重大战略任务。马克思主义灌输理论用科学社会主义思想，先进道德文化武装人民的精神世界，统一了人民的思想和认识，在社会主义核心价值体系过程中以及用社会主义核心价值体系引领社会思潮过程中发挥了关键性作用。人们对社会主义核心价值体系的认知、把握不可能自发产生，只能通过宣传、教育、组织学习等方式进行，即通过"灌输"来增强人们对社会主义意识形态的认知和认同，为构建社会主义核心价值体系提供思想基础。

　　社会主义核心价值体系是中国特色社会主义事业的精神之魂，在所有社会主义价值目标中处于支配地位。在当前社会主义核心价值体系构建和中国特色社会主义事业建设的关键时期，马克思主义灌输理论用社会主义意识形态中最本质的东西引导多样化的社会思潮，控制整个社会意识走向，避免了当前一部分人理想信念动摇，民族精神和爱国主义意识削弱，甚至民族文化安全受到威胁，从而为社会主义核心价值体系的巩固和实现提供了强有力的思想保证。

5.1.3　传递人类文明成果，推动了社会历史发展

　　人类文明的传递、基本价值观的弘扬客观上决定了灌输的必要性，事实上，生活在社会关系中的每一个人，无时无刻不在接受来自各方面的思想和科学文化知识的灌输，灌输已经融入我们的生活，无处不在。我们在学校里、课堂上接受系统的灌输，在家庭和社会生活中接受潜在的灌输，在书报、电视、广告、互联网等大众传媒中接受更感性、更具体、更直观的灌输。

　　随着经济社会的不断进步，知识经济时代的到来，社会对人才素质的要求越来越高，人们对精神文化的追求也越来越多。因此，马克思主义灌输理论在把握意识形态基本方向的基础上，着眼于人们整体素质的提高，注重对于人类先进文明成果的传递。在坚持思想政治素质首位的前提下，以马克思主义科学世界观和方法论为统领，把思想道德素质、科学文化素质和心理素质一起作为灌输教育的重要内容，使各种素质互相融合、有机统一，推动了人的全面发展和社会历史的进步。

　　当前我国已经进入改革发展的关键时期，经济体制的变革，社会结构的变化，利益格局的调整，这些新形势、新变化、新要求拓展了马克思主义灌输理论的新领域。对先进文明的灌输传递使人民群众在较短的时间内获得和掌握了先辈们在漫长的历史发展过程中所积累的经验教训，促使人们在已有的文化基础上创造出更多新的物质和精神成果。我国社会主义建设和改革开放取得的巨大成就被世界公认为国家经济发展历史上的奇迹，正是马克思主义灌输理论发挥作用的有力佐证。人类优秀文明成果的代际传递，从根本上保证了人类社会的进步。

　　从认识的规律来看，"灌输—接受—内化—自省"是思想政治工作的辩证统

一的一般过程，而灌输则是这一过程的前提和基础。在这个意义上说，没有灌输就没有认识，没有灌输就没有创造。由于只有思想和理论，才能具有前瞻性和指导性，也才能引导人们行为的方向，以实践活动改变世界；同时，新知识、新观点、新思想最初都是由少数人在总结前人经验和基础上提出的，而这些新的东西，在社会中传播的过程，也就是典型的灌输传递过程。一定的思想和理论被人们接受之后，便成为人们自我控制的精神力量，也是人们特有的主观能动性，包括人们的观念、理想、道德、情感、意志等。马克思主义灌输理论使得灌输的途径、形式更加多样化、现代化、形象化，不仅对我们党的思想建设、组织建设、制度建设、作风建设起着至关重要作用，而且在社会主义革命和建设中起着前瞻性、指导性的关键作用。

5.2 马克思主义灌输理论在当代面临的认同危机

5.2.1 多元文化动摇人们的信仰，马克思主义灌输理论阵地缩减

在经济全球化和世界多极化的背景下，人类的各种文明、历史、文化在相互排斥和斗争中相互交融渗透，泊来的和本土的，先进的和落后的，积极的和消极的思想文化在交锋中融合，形成多元化思潮。这些多元化思潮主要体现在两个方面：一方面，伴随着改革开放与现代化建设的持续有效推进，马克思主义基本理论在中国实现了两次历史性飞跃，形成了中国特色社会主义理论体系；另一方面，在多元思潮和观念，尤其是腐朽落后的如迷信、伪科学、利己主义、私有化等思想的腐蚀下，人们也形成了不少错误的认识和价值观念。

改革开放不断深入，同时也深刻地变革着人们的思想观念和意识内容，使部分人在错误认识论或消极价值观的影响下形成了一些落后、腐朽的思想观，各种社会观念和思潮的交融对人们形成不小的冲击。现在我国正处于转型的关键时期，政治、经济、社会发生着深刻的变革，伴随而来的还有多样化的利益需求、多样化的社会组织形式、丰富的社会生活以及各样的社会善恶美丑标准，

这些都在潜移默化地影响着当代人的世界观、人生观、价值观。由于每个人所处的社会环境不同、所受教育程度不同，基本利益取向不同，他们的认知能力、思维方式和立场出发点也就不同，这些差异性增加了复杂社会思潮冲击下，对人们原本固有的价值观和道德标准冲击的严重性，动摇着人们曾经坚守的理想和信仰。

随着市场经济的发展，人们日益增长的物质需求在利益与现实需要的驱动下也不断地上升，但精神需求尤其是青少年的精神产品跟不上时代的步伐，造成青少年"精神营养不良"日益增多，精神文明落后于物质文明成为不可忽视的问题。在这种社会风气下，人们物欲膨胀，攀比风盛行，精神追求匮乏，社会责任感下降，对理论灌输的需求意识也日渐薄弱。灌输理论可发挥的空间也越来越小，灌输工作也难以展开。

在市场经济条件下，人们社会活动的展开直接与物质利益相关联，在利益总量特定、资源总量有限的情况下，人们对于利益的占有是不均衡的，占有资源丰富的人获取的利益较多，而无法占有资源的人获取的利益较少，甚至少数掌控资源的人为了占有更多物质利益不惜公开挤兑他人的既得利益，被物质化的利益蒙蔽了真正精神层次的追求。共同利益必定产生聚合的心理状态和一致的心理诉求，不同的利益也必将催生分歧的思维观念，由此，对社会资源的占有状况和对共同利益的追逐状况很大程度上决定着人们公共思想观念的一致与分歧，多元的利益追求必然导致多元的思想观念。这也符合马克思主义关于社会存在决定社会意识的经典论述。此外，经济基础决定上层建筑，我国社会主义市场经济改革进入"深水区"，生产力的提高变革了原有的生产关系，也对上层建筑提出改革的要求，推进政治体制的改革是进一步解放生产力、发展生产力的必要选择。但是，随着新利益集团和新阶层话语权的提升以及公民意识的觉醒，扩大政治参与的做法必将促进各利益集团各阶层表达符合自身利益诉求的思想意识和价值观念。

网络时代的到来也给人们带来巨大冲击。网络信息量大，传播速度快，传播内容少受约束，各种文化超越民族和国界相互交融，目不暇接的信息使人们尤其是青年学生很难用一种价值观念去评判和解决面临到的困惑，这难免给青年学生带来一种无措感，信息大爆炸所带来的结果是对超载信息的无从选择、无法判断，这种混乱的困境使个人的道德判断力和理性分析能力日渐下降。网络上多元价值观、道德观所带来的不同道德行为经常处于矛盾混乱的冲突状态，这也不可避免地冲击着人们的理性。受网络的影响，人们特别是青年学生的道德取向经常处于矛盾选择的紊乱境地。在这种情况下，美国等西方国家充分利用它们先进的互联网传播技术对世界各国进行全方位的渗透和文化侵略。

面对多元价值观和各种社会思潮的冲击，马克思主义基本理论灌输的阵地在逐渐缩减。由于马克思主义灌输理论发挥作用的基本阵地就是人们的思维领域，多元化价值观和其他社会思潮对于人们思维领域的侵占或多或少挤兑了马克思主义基本理论的存在空间。另一方面，坚定的科学社会主义信仰和共产主义的远大理想，是马克思主义灌输理论力持的基本主导思想，多元价值观和其他社会思潮对于人们理想信念的动摇，使马克思主义灌输理论丧失了基本合理性的理论支撑，面临社会大众的认同危机。

5.2.2 去政治化的倾向广泛流行，马克思主义灌输理论遭遇抵制

马克思主义灌输理论诞生于无产阶级革命战争年代，从其思想萌芽时起，经典马克思主义作家就毫不掩饰其阶级性和政治性；特别是根据其在唤醒无产阶级革命意识中发挥的作用和功效，人们往往将马克思主义灌输理论的政治性看作是其第一性质，马克思主义灌输理论被打上了政治烙印。然而，随着时代主题的变化和社会的变迁，整个社会生活的政治性和阶级性逐渐弱化，人们甚至在很大程度上对于带有政治性立场的理论和思想持批判态度。正是这种对于一切来源于政治斗争或者与政治相关的理论和思想的消极态度，在社会上广泛掀起了一种一切去政治化的潮流，马克思主义灌输理论由于其历史出身，在贯彻执行过程中遭遇了灌输对象潜意识的抵制。灌输对象大多认为被灌输的内容都是灌输主体为了达到某种政治性目的才展开的，为了不让自己沦为灌输主体利用的工具，他们对灌输内容进行抵制。事实上，正如马克思主义经典作家所宣称的那样，任何一种社会意识形态无不带有政治性倾向。现代社会所流行的那些所谓普世的价值观念和社会思潮仅仅是穿上了华丽的外衣，试图掩饰其真正的政治性意图。抽丝剥茧之后不难发现，这些企图通过政治化的思想和

言论攻占人们思想意识领域的做法背后正是为了实现其政治意图，攻占社会主义的意识形态。任何"政治淡化"的论调都将是对社会主义政治方向的怀疑与威胁。

另一方面，去政治化流行的另一重要原因，是我们当前要集中一切力量进行经济建设，人们在市场经济的大潮中，首先直接接触的是物质利益，对于作为上层建筑的精神层面的关注不如物质利益，由于追求利益最大化的做法往往只关注自身利益而把有序竞争视作自身利益的巨大威胁，以至于把充满温情的人伦关系抛之脑后，取而代之的是人与人之间冷漠的人际关系。注重个人利益往往是不择手段的，这样会对集体利益和社会利益造成巨大的破坏，为了个体利益而采取诸如投机倒把、以权谋私、营私舞弊等不道德的甚至是不法的手段势必带来经济秩序和社会生活的混乱，同时物质文明也伴随着精神文明的下降而下降。因而对物质利益的追求掩盖了对思想纯洁性的保证，短视经济行为泛滥导致对于政治立场的鄙弃和精神文明的抛弃。事实上，社会主义市场经济的尝试是社会主义国家的伟大创新，它显著地解放和发展了生产力，以市场经济为主导的改革推动了国家的经济建设，使我国人民的生活水平和综合国力都得到巨大提高，同时也深刻地推动着精神文明和社会文明的进步。向广大人民群众灌输科学的社会主义理论和先进的马克思主义思想是刻不容缓和至关重要的，引导人民正确地处理好个人利益、集体利益和国家利益的关系，分清长远利益与眼前利益，妥善处理具体利益与整体利益。加强灌输社会主义的思想以避免人民被市场经济中消极的观念腐蚀，减少错误价值观念的毒害，净化社会风气，优化社会环境，让广大人民群众提高辨别能力，更加理性地评价和解决问题，从而树立起正确的世界观。

此外，马克思主义灌输理论遭遇人们思想和行为上的抵制与长期以来我们的灌输主体没有科学执行马克思主义灌输理论相关。具体表现在：其一，把灌输仅仅作为应付困境时期的手段是一种短视行为。我们经常不自觉地在面临国内外紧张的政治形势和严峻的经济考验时才把灌输放到至关重要的位置加以强调和实施，通过统一人们的思想达到行动上的一致来克服所面临的困难局面；处于政治经济平稳时期时，灌输就退到被人忽视的领地了，这种做法没有看到灌输在政治生活中的重要地位，是一种短视行为。其二，灌输主体在灌输过程中没有遵循灌输的客观规律，忽视了灌输对象的主体能动性。往往认为灌输效果与灌输的强度与时间成正比，而与灌输客体的意愿无关，在灌输过程中没有投入真挚的情感，缺乏与客体的沟通交流，多以行政命令式、教条式的方法进行灌输；不善于将灌输的理论与灌输客体的实际相联系，把灌输当作形式上完成任务的手段，把灌输客体看作是完全被动与理应服从的承受者。这些误识和做法，直接导致了灌输客体对于灌输内容和灌输主体的反感与抵制，实际上就是对于马克思主义灌输理论的反感与抵制。就其根本原因在于灌输主体没有全面、科学领会马克思主义灌输理论的科学内涵和实际本质，而是将其教条化理解、机械化使用了，这在根本上是与马克思主义灌输理论相违背的。列宁早就说过，在灌输的手段与途径上，要提倡寓教育于斗争之中，"不要光用书本子教他们理论，而要让他们参加日常的斗争"[127]。"在传达这种思想时，要善于使用通俗易懂的、形象生动语言，同时要善于借助日常生活中人们所熟知的、感兴趣的事实"[128]。

5.2.3　主客体意愿难以达成共识，马克思主义灌输理论执行困难

所谓主体意识，是指人的精神自觉，是个体对自身及自身价值的认识与判断，其中包括了自我认识、自我控制、自我评价以及自身价值的追求与实现等，这样的精神自觉虽然可能有正确的一方面，但更不乏各种臆断与自我蒙蔽。伴随近代科学技术的进步及相伴而来的近代哲学认识的演化，出现了被称为"人的发现"的新突破。在它的影响下，人们的主体意识产生了变化，更加倾向于接受现代社会科学技术与哲学思想中的个体自主意识，这被认为是人类自身对其价值、能力及主体地位认识的深化，是社会进步的标志，这种变化极大地适应了现代文明的发展并将以此为基础引导未来文明的发展。自我国改革开放以来，随着对人生价值问题讨论的深化，以及对"自身价值"的反思，部分群众渐渐舍弃了传统社会重集体价值、轻个人价值的观念，转而拾起与之相反的重个人价值、轻集体价值的观念，渴望摆脱权威、挣脱束缚，能够按自己的喜好与意志进行选择和发展。主体意识的转变，令作为灌输客体的人们对传统灌输行为的态度也发生了大转弯，他们不再对传统的上传下达、硬性灌输逆来顺受，转而坚持根据自己的喜好与需要选择信息，按自身判断决定是否接受灌输。

个别灌输主体脱离实际，在灌输过程中生搬硬套，用过去的灌输方法处理现在的问题。例如我国早已是社会主义市场经济体制，改革开放与发展社会主义市场经济对人们的思想和行为都产生了巨大影响，人们的政治生活与心理、精神等都步入了新的轨道，但是仍然有部分灌输主体不依照人们思想言行的实际，而是沿袭多年以前的模式如"陈旧的思维方式""过时的思想观念"等来左右人们的选择。个别灌输者不敢于或不善于把真实生活如实地传达给灌输对象，不敢于或不善于将理论结合现实，甚至当灌输对象对现实中一些敏感问题表示疑问时，有的灌输者要么人云亦云，缺乏真知灼见，要么空讲几句大话、套话，用虚泛的大道理作为答复，更有甚者用官话或"顾左右而言它"以作搪塞。诸如此类的说教无疑脱离了实际，有的言过其实，有的刻意回避了现实，导致灌输对象对灌输者或灌输行为产生心理抵触。

社会主义现代化建设的成果与科学技术的飞速发展，要求人们有海纳百川的胸襟和气概，要借鉴全体人类的先进经验来改造自己，加强和世界各国的经济往来、科技合作。改革开放的不断深化，让人们的胸怀与视野也更为开阔，思想观念更为开放，这些变化逐渐改变了人们传统的思维模式，使他们从单维度、封闭式的思维转化为全方位、多视角的开放思维，人们的思想观念不再被拘束在一个狭小封闭的空间内，而是可以尽情伸展、翱翔在自由的天空下。这也对灌输提出了要求，要求我们在灌输过程中，更新灌输方式，提升灌输效率，以更开放的方式、更灵活的手段及更丰富、全面的载体来开展灌输工作，适应灌输客体多层次、多方面的要求，达到更令人满意的灌输效果。

灌输主体在进行灌输教育之前，尤其应注意的是找准切入点，这是令灌输达到预期结果的必要步骤。所谓找准切入点，即是在进行灌输前，准确把握教育对象的实际问题与思想问题，知道他们迫切需要解决哪些问题，最关心哪些问题，然后灌输者再针对这些问题，真诚地给予关心和支持，帮助教育对象克服与解决它们。假如缺少这个步骤，灌输就可能脱离受教育者们的问题，搞成"假、大、空"的那一套而起不到解决实际问题的作用，进而失去灌输效果。

5.2.4　线性单向的传达缺乏互动，马克思主义灌输理论实现受阻

传统灌输中主要是通过灌输主体对灌输对象进行的单向理论传播，这种方法较为简单，灌输主体从外面灌输理论和思想，灌输对象被动接受灌输。但是，灌输主体和灌输对象之间的这种单向关系，使得灌输主体无意识地将自己置身于一种高高在上的特殊地位，并认为灌输对象是一个被动消极的接受者、服从者和执行者。灌输主体和灌输对象之间的地位关系处于一种不平等的状态，容易形成"我说你听、我打你通、我压你服"的灌输模式。这种方法从灌输主体自身出发，关注的是灌输主体对灌输对象的要求，而很少关注灌输对象的需求和建议。这样的灌输方法容易滋生灌输对象的反感情绪，难以得到灌输对象的认可。应该注意到，灌输过程应是灌输主体与灌输对象之间的双向活动，是一个平等互动的交流过程，而不是灌输主体对灌输对象进行的单向教育活动。现在社会正处于高速信息化时代，在某种程度上，多样化的信息获取方式使得灌输对象所掌握的信息和知识在时间上领先于灌输主体，在量上甚至在质上都要超过灌输主体。因此，传统的灌输难以起到其应有的作用。所以，灌输教育在实施过程中，在发挥灌输主体主动性的同时，更要让灌输对象充分地参与到灌输过程中，与灌输主体进行双向的对话、讨论和交流，尽可能地发挥其主观能动性，从而使灌输教育取得更好的效果。

当今社会正处于知识经济时代，一些重大的科技进步和创新将对人们的思想带来一定的冲击，改变着人们的思维方式。目前，信息网络化的逐步完善和发展，将对人们尤其是对青年的成长环境产生巨大的影响，这种影响主要表现为积极和消极两方面。在积极方面，随着知识的经济化、产业化，科技、文化、教育和信息成为推动世界发展的主要动力；依托计算机网络而开发的信息高速公路将成为信息传播的主要渠道，利用现代化技术手段，网络传播具有信息种类多、速度快、容量大和更新快的优势，同时具有较为浓厚的知识氛围，在这样的环境中成长，将对青年人的思想意识全面发展产生积极、有利的影响。在消极方面，由于网络传播不同于传统的传播方式，受时间、人员和地域的限制较少，从而使得知识和信息在传播过程中多元化、复杂化。因此，应当注意的

是，世界各国经济发展水平的不平衡，客观上造成了传播网络中传播者与接受者的不平等。事实上，传播者基本上是发达国家，而传播的接受者则以发展中国家为主，在这种信息传播失衡的环境中，人们特别是青年将面临着一些多元的、复杂多变的文化影响，甚至受到一些与我国思想意识形态相对立的和腐朽没落的文化影响。新时期，我国的政治、经济、文化和科技将处于全面协调发展阶段，灌输理论也应与时俱进，紧跟科技进步的步伐，采用先进的理论，根据客观需要及时地更新灌输内容、创新灌输手段、加强灌输工作。

5.3　马克思主义灌输理论当代发展的趋势分析

当前我国正处在改革的攻坚阶段和关键时期，社会情况复杂而深刻的变化引发了人们思想认识、价值观念和思维方式的重大变化。马克思主义灌输理论面对这些重大变化，在新的历史发展阶段和社会环境中将会如何发展和完善，理应成为学术界关注的问题。综合前文分析，作者认为：当前中国化的马克思主义理论体系已经形成，灌输理论需要转换话语体系；人类文明进步前所未有地加快，灌输内容的创新和转换时效性强化；现代信息技术取代传统言传身教，灌输手段的调整和更新加快；主客体综合素质决定灌输效果，灌输主客体的互动化加强这三大方面将成为马克思主义灌输理论今后发展的趋势。

5.3.1　中国化马克思主义理论体系形成，灌输理论需要转换话语体系

作为当今世界上唯一能够领导全体无产阶级夺取政权、成功进行社会主义建设并取得举世瞩目成就的执政党，中国共产党历来十分重视先进理论对于社会实践的指导作用和精神力量对于物质力量的促进作用。从中国共产党成立那天起，共产党人根据中国革命斗争的需要，将马克思主义的基本原理与中国的现实情况相结合，在革命斗争和社会主义建设过程中，不断用马克思主义的基本立场、观点、方法去分析和处理新问题，将马克思主义经典理论与中国实际相结合，实现了马克思主义基本原理的中国化、具体化、通俗化，创新和发展

了马克思主义基本理论，逐渐形成了中国化的马克思主义理论体系——中国特色社会主义理论体系。具体内容包含：在马克思主义基本原理基础上发展起来的毛泽东思想、邓小平理论、"三个代表"重要思想和科学发展观。

与时俱进是马克思主义理论本身所具有的理论品质，这一理论本身是开放的、发展的，我们党不但重视对于先进理论的运用和完善，同时也是一个善于进行理论创新的党。新中国成立，尤其是改革开放以来，几代中国共产党人不懈探索了近现代中国社会发展规律和历史前进趋势，凝聚集体智慧和心血，在我国革命、建设和改革的不同历史时期，根据现实情况的需要，以马克思主义基本原理为基础内核，在社会主义建设实践中相继形成了马克思主义中国化的理论成果，即中国特色社会主义理论体系。这一理论体系坚持和发展了马克思列宁主义基本原理，凝聚了历代中国共产党人的集体智慧，不仅在新时期创造性地阐明了具有中国特色社会主义的规律，也成为无产阶级新时期最宝贵的政治和精神财富。

中国化马克思主义理论体系尽管与经典马克思主义理论在立场、观点、方法上是一脉相承成的，但是其具体内容更加贴近中国当下的实际情况，其指导性意义更加明确。它的主要内容和话语体系已经有所转变，更加符合当前中国社会主义建设的实际需要。以指导思想为例：中国共产党成立之初，以马克思列宁主义为指导思想，1945年中共七大确定毛泽东思想为党的指导思想，1997年中共十五大确立了邓小平理论在全党的指导地位；2002年中共十六大把"三个代表"重要思想同马克思列宁主义、毛泽东思想、邓小平理论一起确立为党必须长期坚持的指导思想；十六大以来，胡锦涛同志根据新形势的要求，提出了以人为本、全面协调可持续发展的科学发展观；直至2007年，中共十七大正式将我们的指导思想概括为中国特色社会主义理论体系。

面对不断发展、变迁的社会形势，中国共产党需要以与时俱进的中国特色社会主义理论体系强化对于人民群众的灌输，这是新时期改进和巩固我党思想政治灌输教育的基本要求之一。既然新的指导理论体系已经形成，相应的灌输内容也要及时做出调整，这种调整首先直接反映在对于话语体系的调整。曾经革命战争年代和阶级斗争年代的那套话语体系，如："批判""斗争""打击"等已经不再适合当下的灌输教育；曾经在社会主义建设和改革开放之初的，诸如"反省""团结""教育""说服"等话语也在逐渐淡出；当下我党更多使用"商议""公信""理解""沟通""服务"等话语贯穿于思想政治灌输教育之中。

由于人们的生活方式和思维习惯已经发生变化，传统马克思主义理论话语体系的转换是必然的，在马克思主义灌输理论中，转化话语使其更加贴合人民群众的日常生活和思维方式，是灌输事半功倍的前提条件。作为当下最大的灌输主体，我党对此有非常清楚的认识：在始终将思想意识教育作为生命线工作来抓的同时，不断调整灌输教育策略，探索实效性强、针对性大而又富有时代气息的思想政治灌输教育方式。比如，首先强化马克思主义理论研究和建设，2004年4月，党中央召开工作会议，正式启动马克思主义理论研究和建设工程，2005年5月，中央宣传部、教育部联合下发《关于加强和改进高等学校哲学社会科学学科体系与教材体系建设的意见》，把马克思主义在中国发展的最新理论成果与哲学社会科学的学科建设、教材建设相联系，以重大现实问题为主攻方向，开展马克思主义理论体系、马克思主义发展史和马克思主义中国化的研究。其次，根据人民群众思维方式的变化情况和社会主义现代化建设的需要，十七大创新性地提出了将马克思主义大众化，要求各级党政机关、大专院校、社会团体等发挥思想政治灌输教育桥头堡的作用，将中国特色社会主义理论体系向全社会大众宣传和普及，推动当代中国马克思主义大众化的发展。

中国特色社会主义理论体系的形成，促使了马克思主义灌输理论话语体系必须调整，创新马克思主义灌输理论的话语体系和方式方法。这一新的话语体系不但要体现出马克思主义基本原理的唯物史观、群众观和灌输教育观；还要反映出新时代的特点，涵盖人民生活的方方面面，体现出中国社会主义现代化建设和发展的最新趋势和要求；更重要的是新的话语体系还必须要有实践性、系统性和稳定性，才能赋予思想政治教育和精神世界改造强大的生命力，在保证在正确认识思想意识灌输教育重大意义的同时，改进和强化中国特色社会主义理论教育，使思想政治教育走进群众生活。

5.3.2 人类文明进步前所未有加快，灌输内容创新和转换的时效性强化

灌输的具体内容随时代的发展以及社会的进步而不断进行着调整。在新时代背景下，新问题、新情况不断涌现，马克思主义灌输理论发生了巨大的变化，

包括其主体、客体、环境、手段都发生了量或质、部分或整体的变化。这从客观上要求，我们要进一步加强工作的积极性、主动性和创造性，并以马列主义、毛泽东思想、邓小平理论为指导，实践、探索、研究灌输教育更科学的方法。因此，要求我们做到：第一，灌输的内容必须科学，富有新意以及时代的气息，理论要结合实际，且能指导灌输对象对现实问题进行具有理性且深入的分析。第二，灌输的道理要根据时代的发展而不断地丰富。真正的马克思主义者总是坚持用马克思主义的观点、立场、方法研究实际，并随之得出科学的结论。我们要勇于面对现实，对待问题不能采取回避态度，要勇于去接触，用马克思主义为指导，深入实际去研究，得出科学结论，并对人们进行有说服力的灌输教育，使它转为人们自己的思想和行动。

灌输的内容应随全党、全国的工作中心变换而有对应的转移。现在，人民群众把如何对待科学技术及文化这个议题放到了越来越重要的位置，在这种情况下，马克思主义灌输理论应用当代科技成就予以证明，而不应该拘泥在老旧的理论演绎层面上。应结合科技与文化的发展，有目标、有意识地实施马克思主义的理论灌输，令广大人民群众在提高科学文化素养的同时，树立共产主义道德观、人生观和价值观，以及辩证唯物主义世界观。这样的灌输内容既适应当代社会发展中广大人民群众对新知识和新技术的渴求，也适应马克思主义灌输理论的本质。列宁曾就此说过，"必须以全人类所创造的所有知识财富去丰富自身，成为共产主义者"。马克思主义科学理论体系是人类所有智慧的至高体现，只有立身于科技文化巅峰的人，才能掌握其实质，洞察它的精髓。

5.3.3 现代信息技术取代传统言传身教，灌输手段的调整和更新加快

灌输的内容要进入广大人们群众的头脑，同时还得需要科学有效的手段和方法。现代信息技术已经在很多领域出现了取代传统信息传播渠道的苗头，这对于马克思主义灌输理论中灌输手段的调整提出迫切要求。

现代传播方式的变革必将引起人们思维方式的改变，但其直接作用是引发人们获取信息渠道的变革。新媒体从某种意义上是对大众传媒与人际传媒的结合，所以它的传媒性质是与大众和小众相互结合的，同时也更利于信息的扩散。

其表现为两个方面：第一是大众传媒无处不在。以手机媒体为例，手机媒体的大众传播是不需要任何条件而进行的。个人对待信息的主动性和喜好性变得日益重要，手机媒体的使用者可以根据自己的个人喜好来传播信息，这代表着个人或者非正规媒体无处不在地突破传统的正规媒体的壁垒，从而进行大众传播。受众再也不是被动的了，在传播中其地位逐步增强。第二是人际传播的独有性质凸显。这一点在表面上看来是与前一点相矛盾的，但是这实际上正是新媒体传播的特质。因为网络传播和手机传播是无处不在的影响着广大群众的生活，其中网络中的 QQ、MSN 等及时通讯工具与手机本身都具有私人交流的性质，因此传播的"反馈"加强，传播者与接受者的界定显得较为模糊。所有的参与者给他人发送信息，同时也接受别人发来的信息，相互间随时随地地反馈信息。这种角色的转变以及信息的反馈，体现出"多向"和"双向"的特征。

灌输渠道突出多向性和双向性。社会民主政治的推进和社会主义市场经济的发展，要求建立民主政治，要求在科学文化领域贯彻实施"百花齐放，百家争鸣"的方针。单向灌输已越来越多地被"双向"及"多向"的主客体交流所取代。尤其是在中等教育及高等教育中，教育者和教育对象间的垂直关系日益为平等关系取代，形成了知识、思想的双向与多向流动。在很大程度上更新了灌输的形式及主要方法。

灌输形式应适应时代发展，呈现多样性与选择性的特征。当前灌输形式与灌输方法日益丰富，我们不能废弃过去的有效的形式和方法，同时也不能停滞在旧的水平上。不仅要适用包括语言灌输、文字灌输在内的传统灌输方法，同时也要大量采用形象灌输。总之，灌输应要求针对不同对象，充分运用各种现代化的措施与手段，从现阶段的实际效果考虑，采用最有效的方案。

5.3.4 主客体综合素质决定灌输效果，灌输主客体的互动化加强

由于物质文明的极大丰富、社会政治环境相对稳定，人民的生活质量和综合素质迅速提升，无论是灌输主体还是灌输客体的地位都得到极大改善，他们对于灌输内容、灌输过程都有自己的态度和观点。单向性的传达在灌输过程中已经略显僵化，而互动性、层次性、扩展性等灌输趋势逐渐显露。

灌输的互动性是指灌输主客体之间相互提供信息、交流反馈思想，使彼此的观点和思想在沟通过程中得以消化。灌输客体的思想一般处于不成熟状态，其对问题的看法和观点会随着主客观条件的变化而变化，然而客体的认知结构和个人意愿又渴望被尊重，这只有在与灌输客体的良好互动沟通中才能实现。在灌输过程的互动中，灌输客体将从被动接受的地位中被解放出来，主体性增强，不但能够激发客体对于灌输内容的接受，更有利于对灌输客体自主性的尊重和创新思维的开发，提升灌输的效果。这要求在未来的灌输教育过程中，灌输主体要善于与灌输客体沟通，善于诱导客体主动接受和内化灌输内容，巧妙地将话语权转移给客体，从而促进客体自觉内化科学意识和思想观念。

灌输的层次性是指灌输主体在对客体实施灌输之前要针对其个体差别事实分类别、分阶段的灌输，在灌输手段上要灵活多样，在保持原来有效灌输手段的同时，开发新的形式和手段使灌输变得人性化、隐性化，减少灌输客体对于灌输的抵制。为此，要求灌输主体至少做好以下三方面的工作：首先，区分灌输客体的类型，由整齐划一的笼统灌输转变为因人而异的分层次灌输，防止"一刀切"；其次，灌输主体要对自身进行重新认识，给自己一个准确的定位，充分认识自己在知识经验和阅历方面的优劣势，从而在灌输过程中既发挥自己的长处，又不避讳自己的缺点，与灌输客体共同进步，以此赢得灌输客体的尊重和支持；再次，区分灌输内容的层次性，设计出符合灌输客体认知规律的灌输次序，避免填鸭式教学。

灌输的扩展性是指灌输主体在灌输内容的选择上，除了纯粹的理论灌输之外，还要结合当前社会热点和灌输客体广泛关心的实际问题与客体进行相关观念、态度和情感的沟通。一方面是因为马克思主义理论本身是需要拓展的，正如列宁所说"我们并不苛求马克思或马克思主义者知道走向社会主义的道路上的一切具体情况。这是痴想。我们只知道这条道路的方向，我们只知道引导走这条道路的是什么样的阶级力量；至于在实践中具体如何走，那只能在千百万人开始行动以后由千百万人的经验来表明"[129]。理清事件背后的真实意图不仅是灌输客体所关心的，更是灌输主体在进行科学意识形态灌输中对错误观点的批驳所必须的。因此，主体的灌输内容要具有扩展性，不仅要灌输马克思主义的基本原理，对于客体迫切需要的社会性观念也应当被纳入其中。否则，就会如马克思所预言的"思想一旦和利益脱离，就会使自己出丑"[130]。马克思主义灌输理论的科学性就会受到质疑。

最后，由于灌输主客体双方素质的提升和对于自身权益的关注，主体的立体灌输和客体的自我灌输也成为马克思主义灌输理论下一步发展的趋势。立体灌输是从灌输的空间层次角度来定义的，即改变平面介质为载体的传统灌输手段和方式，结合心理学、管理学提供的柔性灌输方式，利用多媒体、网络等现代信息传播手段，探索更加生动活泼的灌输方法，提高灌输效果。自我灌输是从灌输客体主观能动性方面来说的，即是引导灌输客体对灌输内容的兴趣和需求，在变被动接受为主动接受的基础上，自发索取与灌输内容相关的扩展信息，达到充实自身的目的。

6 马克思主义灌输理论
在当代中国实现路径的探索

马克思主义灌输理论无论是在历史上还是在当代社会都发挥了保持社会主义意识形态主导性的重要作用。研究马克思主义灌输理论的当代发展目的在于论证马克思主义灌输理论科学性的同时，运用其继续指导我们的思想政治教育工作。21世纪科技的飞速进步，尤其是以各种现代传媒为基础的社会交往的变迁使人们的思想道德、思维方式和心理状态都受到广泛影响。面对这样的社会变迁和思潮激荡，马克思主义灌输理论发生了发展，那么这一理论在实践环节中要如何才能实现，成为需要我们探索研究的问题。

6.1 灌输理论自身的完善与发展

6.1.1 马克思主义灌输理论完善与发展的基本条件

马克思主义灌输理论在无产阶级发展史上和我国社会主义革命和建设史上起过巨大作用，为无产阶级夺取政权和巩固政权建立了不朽功绩，并在长期的革命实践中不断探索、发展，形成了完整的理论体系。但在一段历史时期里，思想政治的灌输教育由于受"左"的思想影响，没有随着社会的发展而改变服务对象和进行新的探索，特别是在"文化大革命"中为错误的政治运动服务，致使马克思主义灌输教育的形象遭受损害，马克思主义灌输教育的理论与方法受到怀疑，对马克思主义灌输理论的完善和发展造成了较大的负面影响。

　　新的时代赋予马克思主义灌输理论新的使命和新的时代面貌。当前思想政治灌输教育的对象和任务同过去相比已经不同。时代主题的变化带来时代内容的变化，社会主义现代化建设的伟大实践，不仅向马克思主义灌输理论提出新情况、新问题、新要求，推动马克思主义灌输理论发展，而且为马克思主义灌输理论不断提供新内容、新途径、新条件，保证这一理论的发展。马克思主义灌输理论在当前的完善与发展需要具备以下基本条件。

　　第一，适应社会环境的变迁与发展，在坚持基本政治方向的基础上，保持理论的前进性和指导性。我国社会的环境内容，已大不同于过去。对内对外开放的环境，改变了过去封闭与半封闭的环境；复杂多变的信息环境，改变了过去相对单一的文化环境；单位之间和人际之间的竞争环境，改变了过去绝对平均主义状况；社会主义市场经济体制的建立，改变了过去的计划经济体制。所有这些客观条件的变化，都已经和正在深刻影响着人们的价值观念、思维方式和行为方式，也在不断改变着思想道德教育的内容、途径和方法。马克思主义灌输理论只有顺应这些变化，改变机械僵硬的本本说教，与时俱进，与社会发展的基本方向保持一致才能不被社会变迁所抛弃。

　　第二，吸收相关学科的最新研究成果，保证灌输内容的科学性和灌输方式的先进性。现代科学技术的迅速发展，带来了人类文明成果的深刻变革与巨大进步，直接改造着人们的思想意识，对于灌输基本内容的及时更新是马克思主义灌输理论发展的重要环节。马克思主义灌输理论必须吸收相关学科的最新研究成果，借助现代科学技术所提供的现代化技术与手段，并作为一门新兴的、综合的学科确立起来，走上科学化的发展轨道，才能重新确立其科学的形象。在灌输内容的选择上要选择现实生活中的实际内容和环境内容，用具有现代发展趋势，体现时代特点的人和事来教育引导群众，选择和创造开放环境、竞争环境、信息环境、创新环境的内容来感染群众、激励群众，而不应选择过时、保守、狭隘的事例去教育群众。同时需要克服过去的单一运行模式，坚持原则性与灵活性相结合、先进性与广泛性相结合的原则，创造性地开展思想政治的灌输教育。

　　第三，更新主客体的传统观念，理论与实践相结合，重新认识马克思主义灌输理论的科学性。人们对于马克思主义灌输教育的认识和观念是马克思主义灌输理论完善和发展的前提条件，是影响马克思主义灌输理论应用和发展的关键性因素，因为马克思主义灌输教育作为一种有目的、有指向的、社会的、文化的活动，更加突出地受思想观念的支配。人们对于灌输教育的传统认识往往依靠过时的、保守的思想观念的维系而习惯地持续下去，对反映时代特征的教育内容和现代化手段，也会按过时的、保守的思维方式给以裁定与阐释，使之蒙上机械僵化的色彩。因此，马克思主义灌输理论的完善和发展必须要纠正这些传统的理念和观点，使人们充分认识到马克思主义灌输理论是一种在广泛的时空维度上的一种动态的、立体的、辐射的教育观念，是一种具有创造性的、高效的教育理论。

第四，强化学术研究，改革灌输教育的体制，保障马克思主义灌输理论的发展动力。马克思主义灌输理论的科学性不是自封的，而是大量的学者苦心研究论证和大量的实践工作者反复检验的结果，因而强化学术研究，从理论和实践两个方面论证马克思主义灌输理论的科学内涵是马克思主义灌输理论发展和完善的动力所在。另一方面，马克思主义灌输理论的完善和发展还离不开体制上的保障。具体表现在：首先，灌输要充分尊重、发挥人们在思想意识领域的自主性与创造性，要在尊重对象人格的基础上将思想政治灌输教育与人们的本职工作结合起来，善于集中群众的创造智慧，动员、组织更多的人参与了解灌输内容，主动地参加灌输活动；经常听取人们的意见，满足人们发展提高的需要。遵循科学程序，运用科学方法，按照思想政治灌输教育规律办事，改变过去凭经验办事的传统方式，克服主观性和盲目性。其次，要使灌输教育适应法制社会的要求，使之系统化、规范化。马克思主义的灌输要按现代社会要求，形成体系完善、功能齐全、环节配套的系统，能保证思想政治灌输教育科学、系统、有序、有效地运行；同时灌输教育的要求、目标、内容、政策、队伍等有章可循，有制可遵，而不是随意的或可有可无的。再次，马克思主义灌输教育还要符合现代社会资源配置的要求，实现教育结构的最优化，即各种教育机构、教育人员都能充分配合，发挥特色、优势，产生最好的效果。

6.1.2　坚持马克思主义灌输理论的基本指导原则

马克思主义灌输理论的目的是让灌输对象了解马克主义的立场、原则和方法，并在认识、改造社会的过程中运用这些原则、方法。同时，要指导灌输对象在实际运用过程中形成实践性强、与时俱进的科学理论体系。马克思主义灌输理论坚持马克思主义的基本原则，在革命战争年代为思想政治教育工作曾做出重大贡献。

资本主义国家一直敌视社会主义国家，为了争夺人民特别是青少年的思想支持，资产阶级国家一直不遗余力地通过国家立法和财政支持等多种手段调控思想政治教育的方向，向人们宣扬资产阶级文化与意识形态，从而反对社会主义和共产主义，维护资产阶级的统治，保证资产阶级制度继续运行。21世纪是我国改革开放稳定开展、经济高速发展的新时期，要不懈地坚持社会主义方向，保卫社会主义制度的运行，就必须坚持向广大人民群众进行社会主义意识形态灌输教育，使社会主义、集体主义和爱国主义这些社会主义意识观念深入人心。

随着时代的变化，各种社会理论和思想观点层出不穷，这对人们的思想意识领域产生重大影响，并不断挤占着主流社会意识形态的上层建筑阵地。面对国际国内政治经济情势的变化和改革开放的推进，一方面，先进理论仍需要灌输到群众中去，另一方面只有保持社会主义的意识形态才能保证社会主义的正确航向。因此，在新时代下，实践马克思主义灌输理论须坚持不懈地向广大人民群众继续灌输先进的马克思主义思想，以及一代又一代马克思主义者在马克思主义思想基础上创新的科学理论思想，因为历史已经反复证明了这一指导思想的科学性和真理性，邓小平同志也曾强调"老祖宗不能丢"。只有通过灌输手段，这些先进的科学理论才能被群众更有效地了解并接受，才能在改革开放建设社会主义的过程中爆发巨大物质能量。因此，社会主义建设新时期的重要任务仍要坚定不渝地坚持以灌输传播科学理论的重要原则，只是我们在坚持这一基本原则的同时，应当注意灌输内容与人民生活实际相结合。

灌输不是一成不变的，灌输要产生良好的效果就必须使灌输的内容与时俱进。如何合理定位灌输的内容，一方面要求坚持马克思主义的基本理论观点，另一方面更要求将马克思主义基本原理同新的历史条件相结合。灌输是与时俱进的，为了更好的灌输，既要及时总结党和人民群众在实践中积累的新的经验，不断丰富和创新马克思主义理论体系，又要根据时代的发展变化和时事现状，结合不同地区、不同群体、不同行业的人民群众所关注的焦点问题有计划、有针对地进行灌输，不断增强灌输教育的广度和深度。

改革开放以来，马克思主义灌输理论的基本指导思想在实践中有所发展和变化，中国共产党在坚持和继承马克思列宁主义基础上，结合中国社会主义建设的实际，加快了马克思主义理论体系中国化的进程。在党的十五大、十六大分别确立了邓小平理论、"三个代表"重要思想为党的指导思想，党的十七大更是明确地将毛泽东思想、邓小平理论和"三个代表"重要思想正式归纳为中国特色社会主义理论体系，并且要求全党和全国人民以中国特色社会主义理论体系为指导，全面加强和改进思想政治理论工作。中国特色社会主义理论在新时期应当成为马克思主义灌输理论的基本指导原则和指导思想。

6.1.3 在实践中完善和发展马克思主义灌输理论

马克思主义灌输理论源于实践，又指导实践，在实践中完善和发展是这一理论保持其科学性的基本方式。因此，面对人们思想观念的改变、社会理论的冲击和社会环境的深刻变迁，马克思主义灌输理论迫切需要增强对灌输对象、灌输内容和灌输环境的研究，以尊重灌输对象的主体性，提高灌输内容的针对性和灌输方式的有效性，从而使马克思主义灌输理论在实践中逐渐完善和发展。

6.1.3.1 增强对灌输对象的研究，尊重灌输对象的主体性

随着民主政治的深入推进，灌输对象的主体性愈加提升，在实践环节中增强对灌输对象的研究是坚持马克思主义灌输理论得以贯彻实施的重要前提条件。

在现实社会中，人们的地位和经历不同，教育状况和文化程度不同，家庭状况不同，觉悟程度也高低不一，这些因素必然导致灌输对象个体的性格和心理特征存在差别。因此，受教育者是否需要并愿意接受灌输内容，受教育者是否能从灌输内容中受益，受教育者是否对灌输内容有所理解却无力获得，都是在实施灌输活动之前必须了解和分析的问题。要解决这些问题，灌输主体不能只强调其中一方面，必须将灌输对象的个人需求同社会现实相协调，然后再根据灌输对象的年龄层次、职业岗位、文化程度、思想觉悟等个体因素因材施教，采取多种教育方法。同时，在灌输过程中，灌输对象要及时将理论修养、思想认识与觉悟等情况反馈给灌输主体，方便灌输主体对这一过程进行总结，为接

下来的灌输教育做好准备，进一步提高灌输效果。

尊重灌输对象的主体性就要在灌输过程中坚持以灌输对象为中心。灌输对象接受灌输内容的过程，实际上也是灌输对象将社会意识内化为个体意识的过程。这一过程同人的认识过程、情感过程、意志过程始终有着紧密联系，也与人的个性倾向和个性心理特征有着内在联系。因此，灌输活动要确保实效，就必须强化灌输对象的内化过程，从灌输对象的身心发展规律入手，使灌输活动同人的心理特征和人的思想意识形成发展的规律相符合。

传统灌输中采用的方法比较简单，是单向的灌输，即灌输主体向灌输对象灌输理论，灌输对象无条件接受。这种灌输主体唱独角戏的情况呈现了灌输主客体之间的单向关系，实际上也呈现了灌输主客体之间不平等的关系。灌输主体在这种灌输模式中自觉不自觉地将自己放在高人一等的地位，将灌输对象看作接受和服从、执行的被动体，忽视了灌输对象的能动性。这种方法从灌输主体出发，无视灌输对象的需要，只讲要求，不讲需要，很少顾及灌输对象的感受和建议。这样的做法容易引起灌输对象的不满，所以灌输工作往往出力不讨好。灌输主体在长期的教育过程中应该吸取经验教训。灌输过程并不是单向的活动，而是灌输主体和灌输对象之间平等互动的双向交流和沟通活动。尤其是在当前科学技术日新月异的知识型社会，人们获取信息的渠道和方式逐渐多样化，灌输对象在一定条件下可能掌握比灌输主体更多、更高质的知识和信息。因此，传统的单向灌输和说教已经不合时宜，新时代的灌输必须重视灌输对象的主观能动性，充分发挥灌输对象的主动性，让其参与到灌输教育过程中，同灌输主体充分互动，提高灌输效果。

6.1.3.2 强化对灌输内容的研究，提高灌输内容的针对性

明确灌输的内容是实现灌输目的的基本条件。自十六大的胜利召开以来，我党不断进行理论创新，以马列主义、毛泽东思想为指导，形成了"三个代表"、科学发展观等重要科学理论。党的十七大提出要进一步加强对社会主义核心价值体系的建设，夯实社会主义意识形态的凝聚力，因此，目前我们灌输的工作重心应放在社会主义核心价值体系的传播上。在发展丰富灌输内容的同时还要力求有所突破，将"全方位"的理念贯穿"灌输"过程的始末（包括人性、能力、知识、综合素质、危机意识、前瞻意识等）。在当今的人才培养工作中，思

想政治教育是必不可少的意识输送，其目的在于构建灌输对象的定向思维，并使其能在灌输对象个体发展过程中实现可持续发展，最终为国家培养出高质高效的人才。

胡锦涛同志曾强调，宣传思想工作要坚持以人为本，本着为人民服务的原则贴近群众实际生活，充分发挥人民群众的主体作用，以人民是否满意作为检验工作的根本标准，尊重差异、包容多样、悉心引导，使人民群众多方面、多层次、多样化的精神文化需求得到满足，共享社会发展成果。灌输的对象是主动追求自己具体现实目标的人，而不是被动的、整齐划一的、具有共同人格模式的人。加之不同的个体具有不同的思想情感和观念想法，他们在不同的发展阶段也有着不同的客观需求，所以在灌输马克思主义理论的时候，需要针对不同时期、不同地点、不同工作、不同个人将其基本原理具体化，并以灌输对象为中心，将灌输内容融合到灌输对象的学习工作生活中，才能有的放矢地展开工作。

6.1.3.3　加强对灌输环境的研究，明确灌输方式的有效性

改革开放使中国经历了一场前所未有的社会大变革，受到这场变革洗礼的还有中国最广大的人民群众，这场深刻的社会变革使灌输的环境、内容以及主客体都发生了翻天覆地的变化，如果灌输方式还是一成不变，那么将收效甚微。不断地发展创新，才能更好地传播社会主义思想，引领时代意识。加强对于灌输环境的研究，可以为改善灌输手段、提高灌输效率提供有力保障。

以往由高压政治控制万能论和经济增长决定论所主导的灌输理念，将随着社会的转型而转变，经济的发展而发展，在利益格局发生重大变化的今天，灌输主体必须抛弃以往的旧观念才能谋求更好的发展。灌输理念的更新，要求我们既要认真研究社会转型及其现代化进程的方针与策略，尽可能地使灌输主客体之间的沟通顺畅、反馈及时，同时灌输者又要做好充分思想准备，积极应对各种困难和挑战，冲破既定的思维模式，开拓思维，寻求良策，为灌输双方架起沟通的桥梁。同时，当前各地电子信息技术建设的投入差异日渐增大，填补"数字鸿沟"，防止"贫富差异"，培养一大批高素质高技术的人才，成为扭转灌输对象选择能力不足的关键。

灌输成本是影响主客体之间灌输效果的重要因素之一：包括可见成本——

资金，不可见成本——时间，以及教育成本、理解成本等；灌输过程应因人而异，因材施教，因势利导，针对不同对象选择不同的灌输载体和灌输频率；当前主流社会意识的灌输往往流于形式，灌输主体、客体、媒介这三者之间的动态平衡与否，直接关系到灌输的效果，维持动态平衡，防止绝对话语权的产生是保证灌输效果的关键点。

具体来说现代灌输环境要求灌输实现从被动灌输向主动灌输的转变；从刚性灌输向柔性灌输的转变；从部分灌输向全体灌输的转变。将理论灌输融入到日常管理之中，融入到生产生活之中，融入到文化教育之中，融入到大众传媒之中，融入到现实环境之中。在这方面，许多西方国家对于宗教文化的传播对我们不无启发。宗教文化之所以历经千载而经久不衰，其传播之广泛，影响之深远，究其原因，西方国家的宗教改革与社会现代化的发展并驾齐驱，宗教成为统治者治理国家、统治思想的法宝，宗教文化已日渐根植于人们的思想意识之中，与人们的生活息息相关，宗教的现代化、世俗化色彩也愈发浓郁了。比如，西方宗教努力发挥其精神抚慰的特殊作用，对深感现实疾苦的人给予特别的关注，同时为公民解决思想问题和精神困惑。随着现代社会的发展，宗教已不再只是教徒灵修的场所，而是顺应社会，成为了人们社交娱乐、沟通教育的重要场所。在传播手段上，他们将理想性与现实性、公开性与隐蔽性、灌输性与渗透性很好地结合在了一起。思想政治的灌输也应如此，摒弃过去生硬、呆板的单一模式，注重理论与实际的结合，充分运用科学的教育手段，创新教育方法，利用新闻媒体资源，加强网络媒体的辐射作用，扩大灌输的覆盖面，提升宣传教育的感染力、吸引力、说服力，力求用人们喜闻乐见的形式将严肃的宣传主题生动形象地表现出来。同时，要重视发挥文化教育的感染力，借助于文学、艺术等形象生动的教育方式，使得整个灌输过程达到春风化雨、润物无声的境界，凸显理论灌输的知识性、育德性、互动性、趣味性，灌输形式将由"被动"走向"主动"，由"平面"走向"立体"。

6.1.4 借鉴先进理论及时发展马克思主义灌输理论

先进社会意识和科学社会理论总是承载着弘扬社会主流价值观念和主导社会政治意识形态的作用，对于先进社会意识和科学社会理论的灌输宣传能够起到引导人民群众形成符合社会基本要求的价值体系和理想信念的作用。在社会主义的中国，正是对于马克思主义理论体系的灌输，为人民群众的生产生活提供了精神支持与信仰引导，使广大人民群众自愿接受和拥护共产党对社会主义建设事业的领导，主动接受社会主义意识形态和政治制度的引导与约束，从而不仅在根本上保障了中国共产党对于中国社会主义的领导，更是为中国特色社会主义建设事业奠定了最为广泛的群众基础。

伴随着各种社会思潮、社会理论的发展，马克思主义灌输理论根据其本身开放性和发展性的特点，自然要吸收和借鉴当前各种社会思潮和社会理论中的先进和合理成分，不断完善自身才能保持其科学性和生命力。

首先是对国外思想政治理论灌输的借鉴。并非如多数西方学者所宣扬的，西方资本主义国家不存在对于人民的思想政治灌输，事实上，资本主义国家不但有，而且还将思想意识形态教育抓得很紧。与我们中国的马克思主义灌输理论不同的是，国外的思想政治灌输大多没有专门指定的负责机构和部门，更加具有社会性、隐蔽性、实践性、学术性的特点。其中社会性主要体现在：把社区、学校、教堂、大众传媒、政党、工作场所等组织和部门都看作是无形的思想政治教育阵地，赋予其思想政治灌输功能，宣传资产阶级的价值观和世界观。隐蔽性主要表现在：将资产阶级的意识形态融汇于知识性教育和日常活动之中，包括道德法制教育、历史地理教育、公民宗教教育、情感价值教育以及散布各地的纪念馆、博物馆、伟人故居、历史文化遗迹等无不例外地蕴含着资本主义的爱国主义精神和国民精神，这些都在发挥着间接的思想意识灌输的政治性功能。实践性主要表现在：在人们的日常生活中强化规范管理，从法制角度强化人们社会公德素质的提升，从舆论角度渲染社会共同价值观念，以此达到思想政治灌输之目的。学术性主要表现在：注重理论研究，通过社会科学实验揭示人的思想形成、变化和发展规律，为思想政治理论灌输提供理论支撑。尽管国外的思想政治灌输教育与我们的马克思主义灌输理论有着本质区别，但是从其目前遇到的困境和瓶颈上来看却好于我们的马克思主义灌输理论。可见，国外思想政治灌输教育的某些形式是值得我们借鉴和学习的，不过在借鉴和学习的过程中切不能照搬照抄，而要坚持马克思主义理论的指导，结合我国思想政治工作的实际情况，如此才能在借鉴中创新马克思主义灌输理论。

其次是对其他领域或学科先进经验的借鉴。人的思想意识的形成和发展是一个极为复杂的过程，因此主要在人的思想意识领域产生作用的灌输理论也是一门十分复杂的学问，应当综合利用多门学科的知识，不断借鉴其他相关学科的最新理论研究成果来丰富和发展自身。以管理学为例，管理学主要是研究如何对个体或群体中的个人进行组织管理，以达到管理者既定之目的，这与思想政治灌输工作有一定的相通之处，我们的思想政治灌输教育工作在一定程度上也是一种对于他人思想的管理工作，尤其是与软性管理中的对于人性的尊重和强调有较多交叉重叠的地方。马克思主义灌输理论同时也主张没有一成不变的灌输内容，灌输内容要根据社会发展的需要不断发展才能保持其科学性，灌输效果的好坏很大程度上也是取决于灌输内容和灌输方式与当时的社会环境和需求的适应程度，这与现代管理中的权变管理理论有同工之妙。不同学科的最新理论研究成果从不同的侧面揭示了人们心理活动和社会活动的规律。马克思主义灌输理论通过吸收和借鉴其他领域或学科，如心理学、教育学、管理学等科学的最新理论成果，不仅可以有效促进马克思主义灌输理论内容体系的创新和发展，还可以使其科学性得到进一步发展，更好为社会主义建设服务。但是与借鉴国外先进理论成果和经验一样，马克思主义灌输理论对于其他领域或学科的借鉴也要坚持"以我为主、融其精华为我所用"的原则。

新的历史时期，在吸收最新先进理论成果和借鉴先进经验的基础上，马克思主义灌输理论在功能定位、内容要求、覆盖对象、主要方式、科学性上已经发生了变化。在中国特色社会主义建设过程中，马克思主义灌输理论在功能地位上已经由思想政治工作的"生命线""中心环节"逐步转为我党一切工作的"重要政治优势"。内容要求上也由笼统地要求拥护党的领导和坚定社会主义意识形态转为了以培养有理想、有道德、有文化、有纪律的"四有"社会主义公民，具体内容以信仰、信念、信心和信任教育为主，目的主要着眼于马克思主义理论的运用、着眼于对实际问题的理论思考、着眼于新的实践和新的发展。覆盖对象上由以党员干部为主体，人民群众兼顾转为以党内灌输为主线，大学生群体为重点灌输对象，并针对不同行业的具体实际涵盖农村、军队和企业。主要方式上在继承传统的民主、说服、疏导等方法的基础上，充分利用现代传媒技术，借助报刊、影视、广播、网络等渠道打通与人民群众沟通的渠道，让信息技术和网络媒介成为思想政治灌输教育的急先锋。在科学性上，加强理论研究，使马克思主义的真理价值和实践价值相结合，实现思想政治灌输教育的科学化与学科化，使马克思主义理论灌输不再虚无缥缈，而是具有坚实的理论支撑和现实依据。

6.2 灌输主客体素质的提升

灌输主体和灌输客体双方素质的提升，可以使灌输达到事半功倍的效果。因此要在灌输中提升主客体双方的素质。包括：坚持主体参与原则，努力实现双向交流；注重灌输对象的思想实际，满足其需要；优化灌输主体的素质，使灌输事半功倍；提升灌输对象的素质，培养对象灌输需求。

6.2.1 强化主体主导地位，发挥自觉表率作用

马克思主义灌输理论是人类求知和学习的一种重要规律，对这一规律的发现和应用本身就是对理论的发展。根据当前马克思主义大众化、学历化和时代化的特点，我党正在努力建设马克思主义学习型政党，在这一过程当中，马克思主义灌输理论的作用尤为彰显。这要求强化灌输主体的主导地位，在整个灌输过程中发挥自觉表率作用。

首先，在马克思主义灌输理论的应用和发展中，马克思主义执政党是关键，马克思主义政党应当处于主导地位。马克思主义灌输理论的价值既体现为满足灌输客体的求知需求，但更主要的是体现在有利于统治阶级的特定目的。在市场经济条件下，由于思想意识多样性的存在以及经济成分、经济利益的多样化的影响，人们一般更倾向于选择与自身利益和实际需要切身相关的经济信息，而对于政治领域的关注程度有所弱化。但是，必须指出，作为国家意识形态核心和灵魂的社会主流意识形态和和核心价值观念，应该要排除在教育客体可选择的范围之外。在当前多元文化并存、各种思潮相互交错激荡的社会环境下，在社会传播媒介和社会组织生活中有组织有意识地占据思想意识表达的主阵地。大张旗鼓地宣传马克思主义先进思想和先进文化，使之成为干部培训阵地的主旋律，确保了先进思想和理论真正为党员干部所掌握，从而也确保了党员

干部执政能力的真正提高。

其次，在马克思主义灌输理论的完善和应用中，灌输主体的文化自觉是前提，马克思主义灌输主体应发挥表率作用。我们党是中国历史上最具先进性的政党。党的先进性地位不是与生俱来的，党员干部的先进思想以及党员干部的先进品质也不是与生俱来的，通过对全体党员干部坚持不懈地进行先进性思想的灌输和先进性教育才能保持先进性，强化我党的学习自觉性是保持先进性的重要手段和方式，也是践行马克思主义灌输理论的重要环节的基本前提。因此，灌输主体必须学习和掌握马克思列宁主义、毛泽东思想、邓小平理论，牢固树立共产主义信念，站稳政治立场，坚定正确的政治方向；努力强化自身的人格力量，做到严于律己，以身作则，做好表率作用，才能收到良好的灌输效果。

6.2.2 坚持主体参与原则，努力实现双向交流

灌输的主客体存在着互动的交流，这体现在灌输的进行中，可以说，这种互动是灌输进行深化的必要条件。随着现代教育的发展和灌输客体自身主体意识的加强，更显著地突出灌输过程的双向互动。尽管，某种程度的强制性是灌输所有的，此处所言的强制性不可一概而论地说是在灌输过程中采取强制手段，其实还是指进行灌输工作的主旨理念、组织引领、工作标准、保障手段的明朗化、结构系统性和强制性。这样来讲，强制性在灌输教育中是相对而言的，而互动存在绝对性。一方面，灌输者发挥其能动和诱导的性能，起着主导的作用；另一方面，作为客体的受灌输者也并非完全是被动的，其能够反作用于灌输者，影响灌输者，甚至以一种自觉需要的眼光看待接受灌输的活动，能够主动争取学习、研讨的机会，自我觉醒进行接受灌输的活动。从这个角度来说，进行灌输行为的活动中，要高度重视在灌输的行为中进行双方的交流，激发灌输客体接受灌输的热情。如果不注重灌输客体在灌溉过程中的能动性，那么灌输对灌输客体的价值性很难体现。应当重视灌输客体的主体性，否则灌输客体只是依照灌输者安排好的按部就班，其思想和行为就会因此而产生不利于灌输双方的影响，更甚者其理念被禁锢，抑或有心态上的逆反。这样，灌输行为就不易进行。所以在灌输行为中，灌输者必须重视灌输思想的转型，把中心从灌输主体

转移到灌输客体，以实现互动性的灌输模式。这样能够体现出人的全面综合发展，调动灌输客体进行认识活动和实践活动的积极性，增强其自主进行发展和控制的功能，能够使其主体潜能得到释放。

与自身灌输职责相匹配的政治素养和工作素养是灌输主体应该具有的，诸如不可动摇的政治理念、崇高的工作责任感、积极的劳动热情、高层次的理论水平和灌输水平等；灌输主体应该耐心地倾听灌输对象的倾诉，使灌输对象能够产生互动的热情，为灌输对象理念上的困惑和生活实际中碰到的问题提供帮助。灌输活动要动用一切办法引发灌输对象的求知欲和受灌输的需求，以灌输客体的主动学习行为代替以往的灌输主体的灌输行为。

要在灌输过程中培养和增强教育客体的意志要素的参与。理念意识的塑造与变革过程同样是一个进行自我批判、自我提升的过程，这就要求突破以往的价值观念，去除以往的思维习惯，打破以往的心理均势，因此要教育客体培养坚定不移的信念和超越自我的毅力，在思想锻炼、行为教育、塑造楷模、自我反思等方面提高教育客体思想的自律性、自制性、坚强性和果断性。

教育主体应该在情感投入方面加大灌输的力度。教育者与教育对象的情感互动过程构成了教育灌输的过程，情通则百通。情感在人的思想感受的塑造过程中有着重要的地位，它是动力源，是影响人的思想感受塑造的主导因素。对教育者产生仰慕、欣赏、拥护的感受，会形成愿意靠近、相信、亲昵的想法和做法；反之，对教育者产生不屑、憎恶和厌烦，就会形成疏离、反感和不从的想法和做法。教育者应该对教育对象晓之以情，同情其疾苦，关怀其痛痒，重视进行得人心、感人心、稳人心的活动，以贴近、感化教育对象，引起他们情感的共鸣，使他们心甘情愿地接受灌输。

6.2.3 优化灌输主体的素质，使灌输事半功倍

随着 21 世纪社会各方面的大发展，摆在灌输主体面前的现实环境要求其要有更高的素养。首先灌输者要努力提高其各方面的素质。优良的思想政治素质是前提，是灌输者进行灌输行为的思想动力；良好的思想作风素质使灌输者在灌输中拥有深厚的群众基础；综合的专业理论素质能使灌输者在理论灌输工作

中得心应手；较强的工作能力素质能使灌输者保持高标准的灌输水平；优良的灌
输艺术素质使灌输者能灵活地处理好工作中的方方面面。其次，新时代的大背景
要求灌输者充分重视其自身的科技水平，灌输者要熟练应用各种科技手段，如
计算机、灌输软件、网络技术等，在灌输教育中体现出高科技的多元灌输手段。
此外还必须掌握教育对象的性格特征、思想动态，把灌输内容与受灌输者有
机地结合起来，充分尊重受教育者的学习特点与行为习惯，贴近他们的日常生
活，加之以艺术化的教育手法，提升教育者的灌输能力。灌输教育要求灌输
的过程全面渗透到受教育者的生活工作当中，这样才能取得教育的有效性。

　　灌输主体在灌输过程中居于核心和主导地位，发挥着主要的影响。其自身
素养之高下，直接影响教育效应的优劣。因此，主体素养的好坏决定着灌输效
果的成败。灌输者素养的提升是教育效果的一个首先的、本质的保障。要进行
有效果的灌输就需要灌输者自身素质的全面发展。考虑到素养提升的主客观方
面，有决定地位的仍是灌溉者本身，所以，灌溉者需要对其自身进行先行的教
育，努力研究新方向、新理念、新内容、新方式、新精神等。通过学习各种思
想理论，坚定社会主义基本政治立场，坚持社会主义意识形态对于我们社会主
义事业的指导性。在当代社会主义的发展中尤其要研究邓小平理论与"三个代
表"重要指导思想，也要将研究与教育现实进行整合，使理念融入实践当中，
通过实践活动在实际中体验理论。

　　教育主体要尊重客观规律，进行自我反省，依靠广大群众，接纳群众不同
的建议，以客观的角度审查传统的教育范式。对应该坚持和发扬的方面要心中
有数，明白什么是该改进创新的，什么是应该革除的。灌输者拿出革新的面貌
和精神，果断革除诸多过时的理念，不受传统条条框框的束缚，扔下包袱，焕
然一新，继续前行。要想做到解放思想实事求是，灌输主体的理念要努力实现
大的飞跃，争做思想改革的榜样，以此带动他人。首先要使灌输主体自己的理
念实现转型，把好的观点为己所用；在市场经济大发展和科技大进步的历史背
景下，要开发全方位的视角，在灌输工作中不能脱离群众，采用多种手段与群
众"打成一片"。否则，就会与群众产生隔阂，就会使灌输工作成为无源之水、
无根之木。这是一个高度重视知识创新的时代。在知识创新的时代大潮中，科
技应用于社会的每个角落，网络科技、信息科技日新月异，整个社会大气候的

变革与发展，使人们能够享受更加良好的物质技术手段。基于此，灌输者要有应用发达科技手法服务灌输方式的信念，转变想法，认识到不容忽视的使命感、紧迫感和责任感。要努力学习和应用现代发达的科技知识，提高人文素养，尤其是自身处理信息的能力。在当前信息化时代中，尤其是在当下网络化的潮流下，是否能够得到自身的发展与是否能适应高速发展的社会，灌溉的其信息处理能力已成为主导性的因素。可以讲，信息处理能力的高下，决定了灌溉者学习研究、进行自我提升的强弱。信息处理能力越高，那伴随的其它方面的能力就会在一定的时间段内有所上升，这样灌输者就能不落伍于知识经济时代的潮流，能得心应手地处理工作中的种种考验。

灌输者要不断更新自己的理念。传统的教育是以教育者为中心的，而当下灌输过程要体现出受教育者的地位；传统的灌输教育是单向式的，当下的灌输教育要体现出启发性，要采用双向交流的方式；传统的灌输教育只是单一地教授知识，而现在的灌输教育要在知识授予的条件下培养创新意识和创新能力。受教育者要有较强的创新意识、严谨的科学精神和灵活的思维习惯，因此灌输者要针对此进行能力上的培养，使他们能够鉴别并吸收信息、分析新知识和解决实际问题。古人云："授之以鱼，不若授之以渔。"在灌输的过程中要努力培养灌输接受者的各方面能力，使其自身得到综合的发展。

在具体的灌输过程中，灌输者有必要把灌输客体的意志方面融入灌输的整个过程中。理念意识的塑造与变革过程，同样是一个进行自我批判、自我提升的过程，这就要求突破以往的价值观念，去除以往的思维习惯，打破以往的心理均势，因此要教育客体培养坚定不移的信念和自我超越的毅力。所以，教育主体要不断提高教育客体的思想意识，在思想锻炼、行为教育、塑造楷模、自我反思等方面提高教育客体思想的自律性、自制性、坚强性和果断性。另外灌输行为还需要整合灌输者思想上的科学性、主旨上的针对性和灌溉方式上的可通性，深入浅出，由繁入简，摸索已知和未知的规律，通过诸多渠道，把教育渗透于各种活动之中，以此达到灌输的高效率。研究思想政治教育学就应该采取适合现代社会的教育方式，注重采纳网络灌输等新型灌输方式，达到现代思想政治教育的人性化和隐性化，不断提升影响力与涵盖范围，最终达到灌输的高效性与人性化。

6.2.4　提升灌输对象的素质，培养对象灌输需求

灌输内容被接受还是被排斥的一个重要因素就是灌输对象素质的高低。但并不是所有的灌输对象都很轻易地接受灌输内容，灌输对象是否接受灌输内容会受到其内心因素的影响。由此可见灌输对象的自身素质和内部需求是影响灌输过程能否顺利进行的一个重要条件。因此，为了保证灌输过程的顺利实施，必须加强灌输对象的素质培养，提高灌输对象对灌输的内在需求。

首先，要强化和提高灌输对象对灌输内容的判断力。普及人民整体素质教育、全面实施数字信息化、不断培养灌输对象获取和判断信息的能力、提高公民参政议政的能力，创建以公民为主导的社会，从根本上让灌输对象尊重和支持灌输内容；灌输对象的科学文化知识的不断提高、参政议政意识从被动变为主动，这在主体的灌输过程中，使灌输的内容得到了直接保证，同时在对象消化过程中，使灌输内容降低了被歪曲的风险，这是保证灌输真实有效的不可或缺的因素。

其次，要激发灌输对象的内部需求。内在需求是灌输对象主动收受灌输内容的内部动力条件，它是灌输目的得以实现的一项基本条件。人的需求可以划分为很多种，如果按需求对象的性质来划分，可为分两大类，即物质需求和精神需求。人生下来就具有某些需求，这是不需要后天刺激和培养的。但是精神需求是后天的产物，是受到社会教育的影响和刺激的。尤其是对理论灌输的需求，是受到后天社会环境的影响，而不是先天就产生的。所以，灌输主体要积极主动地激发灌输对象的内部需求，把灌输主体的主动灌输过程转变成灌输对象主动吸收的过程。

再次，要吸引灌输对象的注意力。要使灌输活动取得成功，就必须采取合适的信息传递方法，来吸引灌输对象的注意力，然后进一步改变他们的想法，使他们主动接受灌输内容。从心理学的相关研究数据中，我们可以看到：但凡新颖奇特的刺激、不断重复的刺激、带有变化性的刺激，与认知客体已掌握的经验、知识相符合的刺激，能让认知客体的内部需求得到满足的刺激，对使认知客体产生感触的强烈刺激，这些都能对认知客体产生吸引力。认知客体只有在了解传递信息的内容后才能对灌输的内容有更深入的了解，然后再根据个人

自身的现实需求来对灌输内容进行取舍。因此，灌输主体作为信息的传递者，第一步要做的是对灌输对象的信息进行掌握，了解他们的喜好、教育水平和自身需求，这样能将要灌输的新知识与灌输对象已有的知识更好地融合，以满足灌输对象的内部需求。除此以外，还可以采用新的灌输方式来吸引灌输对象的注意力，可以开发和利用现代化的信息传播方式，比如互联网、多媒体、网络教学等，利用图像、颜色、声音等加强对灌输对象的感官刺激，使灌输对象的注意能够集中，同时也加强了灌输的感染力，能达到更好的效果。

6.3　灌输内容的丰富与创新

新世纪，灌输教育必须在坚持马克思主义基本原则指导的前提下，在新问题、新情况大量涌现的背景下，发掘新内容，提高灌输对象自身素质以及进行批判思维的能力，不断丰富灌输内容，使灌输对象的选择性增强，随之对灌输内容的科学性贯彻执行提出更高的要求。

6.3.1　理论与实际相联系，及时更新灌输基本内容

马克思主义的科学性在于能随着客观实践的变化不断地修正自我、更新自我，正确地指导人们去认识世界和改造世界。因此，我们考虑将理论"灌输"的落脚点同解决实际问题相结合。

一方面，我们要充分重视人们的思想认识问题和面临的现实问题。为使人们做出客观、辩证、科学的解释，研究社会所面临的各种现实问题、热点问题很有必要，这样就能提高受教育者的认识水平，最终能使灌输者对现实问题进行指导以及进行理性深入的分析。

另一方面，增强理论"灌输"的说服力和感染力，如果不注意解决人们在工作、学习和生活中的现实问题，只讲大道理，就不能取得良好的效果。因此，这就要求我们要关心群众生活和工作，尽可能地为他们排忧解难。

当前已进入了新的世纪、新的阶段，党在新的形势下审时度势，在以往的马克思列宁主义、毛泽东思想和邓小平理论指导思想的基础上，提出了富有中

国社会主义特色的江泽民同志的"三个代表"重要思想，并将这些伟大理论进行整合写入党章，由此形成了党在新时期的指导思想，并在 2020 年前为我国全面建设小康社会的目标而奋斗。机遇和挑战同在，希望与困难并存。在新时期国际局势扑朔迷离、国内关系错综复杂的情况下，马克思列宁主义基本原理及其中国化的马克思主义更体现出其理论价值的宝贵。为了使中华民族屹立于世界民族之林，需要我们一如既往地坚持党的基本纲领、基本理论和基本路线，这就要求把邓小平理论和"三个代表"重要思想科学地灌输到人民群众的思想意识中。马克思主义灌输是党在新的历史时期下完成中华复兴历史使命的法宝，是推进经济发展和各项社会主义事业的有力手段。

广大人民群众从自己的切身体验中已经领悟到马克思主义理论与人民群众的社会主义意识是有机的统一体。马克思主义指导着中国革命和建设的发展，体现出其思想的先进性和与时俱进性，它产生于社会主义实践又为社会主义实践所用。在新的历史环境里，灌输内容也要与时代的发展相符，信息时代下群众的思想观念与思维习惯等呈现出发散性，群众难以相信那些与自己感受到的事实不沾边的大话、假话，更注重事实，注重直观。所以，灌输教育中阐明的观点要贴近群众的现实生活，言群众之想。对马克思主义理论怀有深厚的感情和强烈的认同感要求我们时刻关注群众日常生活中切切实实所面临的一些热点、焦点，灌输教育要主动进行，不可避而不谈，要真抓实干、对于理论上的"肯定"与"否定"要特别注意用事实说话，善于引导，做出客观、辨证、科学的解释。

6.3.2 灌输内容满足客体需求，防止脱离社会现实

灌输内容要注意的是，在符合生活规律和符合受众群体的发展需要的基础上，同时也要贯彻马克思主义和中国特色社会主义理论。灌输的内容要注意到灌输客体的接受水平、选择和发展的需求，要有目的性、循序渐进地规划灌输的内容。还需要考虑的是，全部的灌输理论应该立足于帮助人们解决思想上和现实中所面临的问题，这样才能够最大限度地显现出以人为本的主体性思想政治教育的吸引力和感染力。另外，以中国特色社会主义理论为指导思想的这一原则是不能动摇的，是任何时候都要秉承和坚持的，除此以外，还应该进一步

加强对社会价值的理论灌输。这些灌输的新内容应该有坚定的立场，充分的理由，不仅能够回答人们在思想上存在的疑惑和困扰；还要能显示出马克思主义以及社会主义的优越性，更能展现出有别于一些非马克思主义的观点和学说的科学合理性。

知识经济是未来的发展趋势，它需要的是具有完备知识体系的复合型人才，要求掌握科学知识、社会人文知识以及思想政治素养。由此我们可以看到，灌输教育在灌输过程中不能忽视人的素质的整体性、统一性，将提高灌输客体的综合素质作为灌输目标，要拓宽眼界，开阔教育领域。在全面贯彻马克思主义政治理论的前提下，以培养"四有"新人为发展目标，将道德、科学文化、心理素质一同纳入教育内容中，促使各种素质相互贯通，相互融合，以促进人的全面发展。

6.3.3 拓展灌输内容的外延，激发客体的学习自主性

灌输的内容要与时俱进。在新的时代，伴随着大量的新问题和突发情况的出现，灌输教育所涉及的主客体、环境、方式等都会产生量变或质变、部分或整体的变化，这从客观上对灌输工作提出新的要求，要求不断加强灌输教育的积极主动性，增强创造性。在马克思主义理论和中国特色社会主义理论的指导下，深入研究并寻找更有成效的方法使灌输教育更加深入人心。为了达到这一目标，我们所要做到的是：首先，灌输内容要符合科学发展规律，内容要新颖，赋予时代印记，并能够让人信服，理论知识一定要贴合实际，并能够为灌输对象所用，使灌输对象能够解决在现实中遇到的问题。其次，灌输理论要与时俱进。真正的马克思主义者会毫不动摇地坚持马克思主义的理论观点来处理和解决问题，做出正确的判断。面对客观现实，我们不能采取回避的态度，要勇于面对，以马克思主义理论为指导思想，不断探索，做出与事实相符合的科学结论，并在第一时间对灌输对象进行有说服力的灌输，使灌输内容转变为灌输对象自己的思想。

6.4   灌输方式的选择与更新

时代不同，对象不同，所采用的方法也势必不一样。在崭新的 21 世纪，国内外形势有了翻天覆地的变化，新问题、新情况如雨后春笋般连连涌现，这个时候的灌输环境、灌输主体与灌输对象全都发生了显著改变，导致灌输目标与灌输要求也发生变化。在这样的时代背景下，与时俱进的马克思主义理论工作者务必要不断提高工作的积极性，不断探索与创新，以发掘出马克思主义理论灌输的有效办法，提高理论灌输的效用。

要使得灌输内容在灌输对象的头脑中留下深刻印象，恰当的灌输方法是必不可少的。灌输方法的要领在于科学性与艺术性并重，在面对不同的灌输对象时，选用对方最能接受的灌输方式；通过现代化的思想政治教育的载体，使抽象的灌输内容立体化、生动化、形象化；并采取多种手段与方法，使灌输内容进入灌输对象的大脑。实践证明，灌输手段与灌输内容是辩证统一关系：只有灌输手段激发起灌输对象的积极性与主动性，灌输内容才能深入人心；没有有效的、适当的灌输手段与方法，灌输对象对于灌输内容的接受效果就不会理想，甚至可能会起到反面的效果。灌输内容的选用本身也是灌输手段的体现，按阶段与对象择用灌输内容，本身也是一种灌输手段。正是通过长期不断而有效的灌输，马克思主义灌输理论的实践者才总结出一套灌输方法，这些方法是早被历史和实践证实为行之有效的。

6.4.1   外在灌输与启发疏导相结合

当今世界的形势，与马克思所处时代的早已不同，理论灌输的主体、对象、环境与手段等都发生了较大变化。马克思主义的理论灌输者遵从"与时俱进"的理念，积极探索马克思主义灌输理论的中国化，在此过程中产生的马克思主义与中国实际结合的理论成果也应即时向灌输对象灌输，同时须注意，随着灌输对象自主性的提高，在灌输方法上，宜结合外在灌输和内在启发疏导。

外在灌输就是组织、个人依照马克思主义灌输理论，结合灌输主体需要而进行的各种宣传和教育活动。外在灌输的主要特征是，灌输主体所具有的相关认识水平明显高于灌输对象，灌输行为是单向度的，灌输主体与灌输对象的身份自始至终都不会变化，灌输主体对灌输活动具有主导权：灌输内容的选取、灌输方法的择用、灌输情境的设定等都是由灌输主体确定，他们在整个灌输过程中一直起着引领和控制作用。

所谓启发疏导灌输，主要指的是灌输对象自发、自觉地接受先进思想和科学意识，改正不良行为、克服错误思想，促成自己的政治倾向逐渐转良、转优，这种灌输主要是灌输对象通过自己思想的矛盾运动而进行的。提到启发疏导灌输，就不能不提及关键词——内在自觉。内在自觉指的是，灌输对象主动提高马克思主义的理论认识，达到自觉运用马克思主义，更正自身错误行为、思想，直至符合一定目标与要求。在运用启发疏导灌输时，有两方面需要留意：一是灌输主体须激发出灌输对象进行自我教育的动机。二者是灌输主体应善于引导，令灌输对象既提高自身理论认识的水平，又有意识地投身相关理论活动，通过实践和理论的双重熏陶，强化灌输对象已有的正确行为与思想，修正其错误的行为与思想，除此之外，还应培养他们进行自我约束、调节及自我激励的能力。

马克思主义经典作家一向主张，在灌输活动中，有必要结合外在灌输与内在启发疏导灌输，确保灌输主体向灌输对象——工人阶级——灌输先进社会意识的过程，也同时是灌输对象自我教育的过程，以引导、帮助灌输对象在自身体验中去理解、掌握和最终运用科学的革命理论。

6.4.2 显性灌输与隐性渗透相结合

显性灌输，可简单理解为"面对面"的灌输，即灌输主体在某一地点通过某种特定的方式，直接向灌输对象传达灌输内容，显性灌输在时间和空间维度上是统一的。直接的显性灌输具有针对性强、对象明确的特点，不仅能够达到立竿见影的良好效果，也能够快速达到灌输者的目的。例如，在学校的思想政治理论课上，老师与学生面对面的进行讲解和传授，便是显性传输的表现形式之一。此外，"正反结合"也是显性灌输的重要表现形式之一，即正面灌输与反面教育相结合。所谓正面灌输，就是将马克思主义基本原理和中国特色社会主体理论体系，系统、全面地对灌输对象进行传输，在提升灌输对象思想政治觉悟的同时注重其将理论与实际相结合的能力。所谓反面教育，就是要从"反面"材料中吸取经验教训，充分发挥其警示作用，使灌输对象提高分辨是非的能力。

当前，国际国内形势风云变幻，灌输对象在复杂多变的环境中成长，将愈发地感到迷惘与困惑，对于不具备成熟世界观的他们，想要准确判断是非是很困难的，这也在无形之中增加了正面灌输的难度。对于这种情况，适当有效的对比会产生意想不到的效果，有反才有正，有那些"反面教材"的对比才能使"正面灌输"的内容更加深刻地印在人们脑中。马列主义的经典理论与其他意识形态学说既相互批判、相互比较，然而同时也可借助其他学说证明其自身的科学性和合理性。在进行正面灌输时，可向灌输对象介绍其他非马克思主义的意识形态学说，以便帮助灌输对象从多个角度对不同意识形态进行比较，从而更深刻地思索问题。改革开放以来，我们所走过的曲折道路对于每一位中国人而言都有着深刻的教育意义，而把其他社会主义国家在发展中遇到的困境与中国历经的风雨相联系和对比，将使灌输对象更加客观地评价历史，对现状做出更为深刻的理解。

隐性渗透灌输，相对于显性灌输而言，灌输主客体可以是在同一时间、空间上的，也可以通过一定的媒介在不同的时间、空间进行传输。隐性渗透灌输能使灌输内容更容易被灌输对象接受，并且效果持久，这种灌输方式能在很大程度上淡化灌输主体的权威性，从而使灌输对象从被动接受转化为主动吸收。影视、歌舞、体育活动等都是日常生活中隐形渗透灌输的重要渠道。

马克思主义经典作家认为，灌输要与人们的生产生活相结合，反对只用书本教理论，反对把深刻的理论变成乏味的教条。在不同的阶段，两种灌输方式的灌输效果不同。在灌输的"初级阶段"，即灌输对象对于马克思主义及其科学理论体系尚未有更深入认识的时候，显性灌输能达到更好的效果，能更加有效地帮助灌输对象系统地掌握理论体系。当进入了灌输的"高级阶段"，灌输对象的主动性增强，独立意识和思想的选择性也有所增加，因此他们对于直接灌输也会产生越来越强的排斥心理。此时，显性灌输与隐形渗透相结合的方式将更有利于灌输对象吸收灌输内容。以事实为载体进行对比分析，比单刀直入的告知方式更容易被灌输对象所接受，使其在不知不觉中接受灌输理论，耳濡目染，内化吸收。

6.4.3　文化熏陶与自我实践相结合

随着社会的高速发展，人们的综合素质日渐提高，人们各方面的参与意识也在不断地增强。结合现实情况，灌输必须改变传统的单向模式，在运用灌输方法的时候注重与灌输对象的社会实践密切结合，以文化熏陶的方式为灌输营造良好的氛围。如采取读书演讲、知识竞赛、唱歌跳舞、体育比赛等形式。

理论灌输是实施教育活动的主要形式，但文化氛围的形成可以提升灌输效率，文化形式的多样性可以改变传统灌输的单一方法为丰富多彩的模式。"大授课、小讨论"的两步曲和"一只粉笔一块板，讨论发言推磨转"是灌输理论过去普遍采取的方法[131]。然而伴随着社会主义现代化事业的推进和社会主义市场经济的繁荣，人民物质文化生活得到极大满足的同时，思想素质和文化素质也得到极大提升，民主政治意识大大增强，历史使命感和主人翁意识强化。人们对于先进思想和观念的主动需求增大，但也同时开始抵触单调、传统的灌输教育方式，人们越来越注重自我价值的实现，要求灌输主体必须针对对象的需求，尊重对象的自主性，采取灵活多样的手段和方式向灌输对象灌输能够充分激发其主动性和积极性的内容。除传统的说教灌输方式外，灌输主体可以采取多种学习方式，诸如图片展览、参观访问、联谊讲演等，还要把解决问题的主动权交给灌输对象，充分发挥灌输对象的自主能力和愿望，让灌输对象在与自己和他人的思想交锋中明辨是非，从而提高思想觉悟。

教育工作与文化活动是息息相关的。江泽民同志在九届人大一次会议期间谈到电影《泰坦尼克号》时就曾感叹：这部片子将金钱与爱情、贫与富、和各种人在危难中的表现描绘得淋漓尽致……切不可以为只有我们才会做教育工作。由此可见，文化活动是提升教育效果的良好工具[132]。教育工作者要善于把握新机遇，将教育活动寓于文化活动之中，使灌输对象在娱乐中自觉接受思想教育。与此同时，灌输主体在寓教于乐的灌输过程中，要时刻清醒地认识到"乐"只是达到灌输效果的一种手段而非目的，"教"才是真正的目的，要在整个灌输教育过程之中始终保持应有的主导方向。所以寓教于乐要以教育为原则、为目的，避免片面强调娱乐，有乐无教。但是也要注意避免将大摆道理和娱乐完全对立起来，使娱乐扫兴，也不能发挥预期的效果。教与乐不相矛盾，只要善于利用，乐中有教，教中有乐，在乐的过程中把马克思主义重要思想灌输给人们，在乐中引导人们的思想健康发展，就达到了灌输的目的。

6.4.4 信息技术与言传身教相结合

在现阶段，继报纸、广播、电视等大众媒体之后互联网已成为第四大媒体。因此，应将传统传媒和灌输手段与之有机结合，充分利用高信息化程序为我们的灌输教育提供的优越条件，发挥计算机在思想政治教育工作中的优势，逐步建立起能有效宣传社会主义意识的开放网络。同时，以马克思列宁主义和中国特色社会主义理论为指导，理论与实践相结合地向人们充分展示马克思主义基本理论的科学性和生命力，通过对于社会主义意识形态的灌输宣传、教育，使人民群众在任何时候都要保持清醒的政治鉴别能力。我党要继续依靠群众，齐抓共管，组织专家、学者为理论灌输服务，在此基础上，建立多层次、全方位的灌输教育网络。充分调动灌输主体的积极主动性，提倡针对灌输对象普遍困惑或关注的现实问题、社会问题和思想问题，尤其是思想上的困惑，制作集思想性、趣味性于一体的信息含量大、层次分明、针对性强的知识内容。

掌握了网络这个传播思想文化的新载体和开展思想政治教育的新阵地，就是掌握了当今开展思想政治教育工作的制高点。在网上进行正面教育，建立和扩大网上教育工作的新阵地，这就要求灌输主体对互联网的信息优势和传播意义要有充分认识，带着高度的政治责任感和时代使命感，最大限度地利用一切信息流通手段，尤其是全球性网络信息传播，抢占灌输科学社会意识教育的制高点。一方面，齐抓共管，使灌输主体、社会一般群众、社会团体和舆论、灌输对象等密切合作，充分发挥社会综合引导的整体正合力作用；另一方面，做到"六落实"，将运用物质条件、灌输方式、人员、工作制度、管理措施以及激励手段并建立科学有效的运行保障机制，保证灌输教育的成功。

既然网络对人们的生活影响是方方面面的，灌输主体就要充分利用网络的优势，在网上树立正确的舆论导向。由于互联网传播手法的隐蔽性和快捷性，传统的防、堵、塞的管制很难达到应有的效果，因此不能再像传统大众传媒那样去管理控制，而要增强对全球网络文化的分析、辨别，使人们在享受服务的同时，心情愉快地接受有解惑、答疑、服务甚至娱乐等功能的灌输教育，充分发挥寓教于乐的隐形灌输作用。

7　研究结论与研究展望

马克思主义灌输理论是无产阶级在正义的立场上，使用科学的理论和方法，有目的、有计划、成体系地对人民群众进行思想政治宣传教育的理论；这一理论是马克思主义经典作家及其后继者在长期的、与剥削阶级的思想交锋和革命实践中，根据实践斗争需要提出的，曾经在我国无产阶级夺取政权和建设政权的过程中取得重大成就。然而随着时代的变迁，特别是当代人民生活的富足和信息技术的迅猛发展，人们思想求知的路径发生革命性变化，马克思主义灌输理论常被视作一种生硬强迫的外在施压方法被否定，又由于其程序简单、方法简便，且已成为传统而被延续，这种现实与传统的矛盾使灌输理论在当代陷入了一种十分尴尬的境地。在澄清马克思主义灌输理论的本质内涵基础上，厘清人们对马克思主义灌输理论的认识误区，研究了在当代社会理论和社会变迁冲击下，马克思主义灌输理论的发展，并探讨了马克思主义灌输理论在当代中国的认同与下一步发展趋势，最后探索出马克思主义灌输理论面对社会思潮冲击和社会变迁的发展实现路径，具有巨大的理论意义和现实意义。

7.1　研究结论

（1）马克思主义灌输理论具有科学性，学术界的争议源于认识不够深刻。在当前的历史条件和国际形势下，马克思主义灌输理论并没有过时，也仍然具有实用性，应当成为一种常态性教育理论加以完善和发展。学术界关于马克思主义灌输理论的颇多争议，究其根源在于争论双方的基本出发点不一致。当今学者竭力主张灌输过时、无用，实际上是基于对灌输强制性的过度理解，他们反对和批判灌输实际上就是反对灌输的强制性。然而在马克思主义理论语境中的灌输更倾向于中文语境中对于"灌输"一词的理解，即"灌输"泛指对思想、观点、价值观的输送，"强制灌输"是马克思主义灌输理论中的一种特殊表现，是特指灌输者借助强制的方法，或者通过营造半强制性的环境迫使灌输对象接受某种思想、观点，这主要是针对灌输对象的特殊性而展开的。

（2）面对当代社会理论和社会变迁的双重冲击，马克思主义灌输理论发生了发展。首先社会思潮与理论发展带来的发展表现为：马克思主义灌输理论本身的内涵更加丰富、科学性增强；马克思主义灌输理论更加注重对人性的关注、现实操作性增强；马克思主义灌输理论的生命力得到提升。其次现代社会变迁带来的发展表现为：马克思主义灌输理论自身科学性被社会变迁的物质性利益性弱化；马克思主义灌输理论面对复杂的社会环境变迁其必要性更加彰显；马克思主义灌输理论对于灌输主体素质能力提升的要求增大；马克思主义灌输理论对于媒体载体打通灌输渠道的诉求增大；马克思主义灌输理论对于灌输客体的自主选择性必须予以尊重。

（3）马克思主义灌输理论在当代不仅没有过时，反而应当强化。一方面，随着时代的发展和社会的变迁，马克思主义灌输理论也自然应当迈入一个全新的发展阶段。它应当根据时代变迁，在坚持马克思主义基本立场、观点、方法的基础上，赋予灌输理论新的内涵，使其与时俱进才能符合马克思主义基本理论的科学性。另一方面，随着国内国际环境的变化，思想意识形态领域的斗争越来越复杂，加之现代传媒对灌输过程的介入，人们面对纷繁复杂的各种思维意识如何坚定立场，在与各种思潮的交锋中坚守社会主义核心价值体系和社会主义意识形态，灌输不但必不可少，而且应当强化，只是要注意方式方法。

（4）马克思主义灌输理论要保持科学性，自身必须完善和发展。马克思主义灌输理论在当代既要坚持基本指导原则，又要强化理论研究，在实践中不断完善和发展。包括：增强对灌输对象的研究，尊重灌输对象的主体性；强化对灌输内容的研究，提高灌输内容的针对性；加强对灌输环境的研究，明确灌输方式的有效性。

（5）马克思主义灌输理论要发挥更大作用，实现途径必须更新。面对社会的急剧变迁，传统的灌输方法必须要改进才能符合当下人们的需要。首先要提升灌输主客体双方素质，包括：坚持主体参与原则，努力实现双向交流；优化灌输主体的素质，使灌输事半功倍；提升灌输对象的素质，培养对象灌输需求。其次要丰富和创新灌输内容，包括：理论与实际相联系，及时拓展灌输基本内容；灌输内容满足客体需求，防止脱离社会现实；扩展灌输内容的外延，诱发客体学习自主性。最后要适当选择和及时更新灌输方式，包括：外在灌输与启发疏导相结合；显性灌输与隐性渗透相结合；文化熏陶与自我实践相结合；信息技术与言传身教相结合。

7.2   研究展望

（1）本文对于学术界关于马克思主义灌输理论的争议进行了梳理，论证了马克思主义灌输理论在当代的适用性和科学性，但是未必完整，在今后的研究工作中，需要从更为广阔的视角出发，增强对马克思主义灌输理论科学性论证的完整性和有效性。

（2）本文核心章节所要探索的马克思主义灌输理论在当代社会理论和社会变迁冲击下所产生的发展尚未能穷尽，在后续的研究中，笔者将继续循着这一研究思路，进行更加深入的挖掘和探索。

（3）本文在初步探索了马克思主义灌输理论的当代发展之后，尝试了探讨在当前的新形势下马克思主义灌输理论如何实现的基本途径。这些实现路径的探索是基于作者整篇文章所主要讨论的几大问题展开的，未必穷尽了灌输理论的实现方式，在今后的研究中还需要更有针对性的深入推进。

8 结束语

　　思想政治教育是我党思想政治工作行之有效的重要方法之一，其理论前提就是马克思主义的灌输理论。马克思主义灌输理论是经典作家在与封建势力和资产阶级的革命斗争与思想交锋中逐渐形成，并在社会主义革命和建设不断完善和发展的理论，已经被社会实践证明是行之有效的科学理论。面对时代的进步和发展，我们不仅不能放弃马克思主义灌输理论反而要更加坚持，这就要求我们在扩展灌输内容科学性的同时，更要注重掌握灌输方法的灵活性和多样性，以此才能使这一思想教育的优良传统继续保持，并在建设有中国特色社会主义现代化的过程中继续发挥威力。

　　思想灌输作为政治统治和社会管理的一项必要补充，在历史上的每一个时期和每一个国家中，都为统治阶级所普遍采用。在革命战争时期，马克思主义灌输理论成为我们革命赢得胜利和社会主义建设取得成果的重要思想武器。然而一方面随着近代教育理论、心理学科的发展，马克思主义灌输理论的合理性受到了前所未有的冲击和质疑，理论界不仅存在着一股严重的否认思想政治工作的倾向，而且某些坚持认为思想政治工作重要性的同志往往也认为灌输是不可取的方式；另一方面当前时代主题发生的变化：无产阶级的使命在中国由革命转为建设，时代也迈入了信息科技和知识经济时代，使知识、信息的传播几乎不受时间、地域、人员的限制，随之给人的思想带来巨大冲击，从而引发马克思主义灌输理论面对这些社会变迁的现实不得不随之发展，我们应当看到任何理论的发展本身就要不断经历冲击、挑战，从而自我完善，增强其科学性，马克思主义灌输理论不断自我丰富和发展才能适应时代发展要求，在当前海量信息充斥的信息社会继续发挥其思想武器之作用。

马克思主义灌输理论对于如今的时代而言，其价值体现是一项较为复杂的系统性工程。作者一直努力寻求在已经获得的成果的基础上超越误区，对马克思主义灌输理论进行研究，且研究的重点在于其现如今的价值以及其价值的实现，最后希望引导广大人民正确地看待马克思主义灌输理论的价值。但是，由于本人的能力欠佳，故对某些问题的研究还是比较肤浅，从而带来不尽人意之处还希望未来有机会做更深一步的研究，力求在这一领域里有所突破。

参考文献

［1］列宁. 列宁选集（第 1 卷）［M］. 北京: 人民出版社, 1972: 274.

［2］董立人. 对新时期灌输教育的再认识［J］. 理论与改革, 2001,12: 76-80.

［3］考茨基. 新时代（第 9 年卷第 2 册）［M］. 1890-1891: 510.

［4］考茨基. 新时代（第 20 年卷第 1 册）［M］. 1901-1902: 80.

［5］马克思, 恩格斯. 马克思恩格斯选集（第 1 卷）［M］. 北京: 人民出版社, 1995: 15-16.

［6］马克思, 恩格斯. 马克思恩格斯全集（第 2 卷）［M］. 北京: 人民出版社, 1957: 589-590.

［7］马克思, 恩格斯. 马克思恩格斯选集（第 1 卷）［M］. 北京: 人民出版社, 1995: 285.

［8］马克思, 恩格斯. 马克思恩格斯全集（第 3 卷）［M］. 北京: 人民出版社, 1957: 13.

［9］德萨米. 公有法典［M］. 黄建华, 姜亚洲, 译. 北京: 商务印书馆, 1982: 98.

［10］孙代尧. "灌输"论探源［J］. 江西社会科学, 1989,6: 20-24.

［11］孙来斌. "灌输论"思想源流考察［J］. 武汉大学学报（哲社版）, 2004, 4: 36-40.

［12］闵绪国. 二十年来灌输理论研究综述［J］. 哈尔滨市委党校学报, 2008, 3: 35.

［13］罗洪铁. 思想政治教育学专题研究［M］. 重庆: 西南师范大学出版社, 1999: 67.

［14］何用. 关于新形势下"灌输"教育的几点思考［J］. 赣南师范学院学报, 2003, 1: 17-25.

［15］列宁. 怎么办［M］. 北京：人民出版社，1971：37.

［16］赵飞. 论新世纪"灌输"教育的加强和创新［J］. 中南民族学院学报（人文社科版），2001，4：32-37.

［17］冯淑慧. "灌输"是一个原则［J］. 思想政治工作研究，2004，12：33-37.

［18］闵绪国. 马克思主义灌输理论及其运用研究［D］. 重庆：西南大学，2007：23.

［19］吴君. 关于"灌输"的本质定位和实践走向的思考［J］. 探索，2000，2：16-20.

［20］陈岸然. 对政治教育"灌输"问题的再思考［J］. 空军政治学院学报，1999，1：26-30.

［21］熊伶. 试论高校德育的灌输及灌输过程［J］. 西南民族学院学报（哲社版），2002，4：36-40.

［22］张耀灿，郑永廷. 现代思想政治教育学［M］. 北京：人民出版社，2001：23.

［23］申海龙. 建国六十年来"灌输论"学术论争及评述［J］. 甘肃理论学刊，2009（7）：20.

［24］李士谦，张文华. 新形势下须强化"灌输"教育手段［J］. 探索，1997（2）：18-22.

［25］谭兰. 列宁"灌输理论"的现代价值［J］. 广西社会科学，2005（6）：35-39.

［26］涂俊礼. 为"灌输"正名［J］. 思想政治课教学，2005（4）：46-50.

［27］李义民. 试论社会主义灌输教育的非强制性及其现实意义［J］. 理论月刊，2002（12）：26-30.

［28］姜洁晶. 当代中国马克思主义大众化研究：［D］. 北京：中共中央党校，2010：12-15.

［29］马克思，恩格斯. 马克思恩格斯选集（第4卷）［M］. 北京：人民出版社，1995：681.

［30］赵康太. 大学生理想信念中的认识误区［J］. 当代青年研究，2005（12）：6-10.

［31］欧阳爱权. 社会主义新农村道德建设研究［D］. 武汉：武汉大学，2010：5.

［32］刘世保. 重新认识理论灌输的科学性［J］. 理论探索，2003，6：21-22.

［33］陆有铨，戚万学. 关于我国道德教育的几点思考［J］. 华东师范大学学报，1990（2）：15.

［34］戚万学. 冲突与整合：20 世纪西方道德教育理论［M］. 济南：山东教育

出版社，1995：110.

[35] 奥勒姆. 政治社会学导论 [M]. 杭州：浙江人民出版社，1989：365.

[36] 金鑫，张耀灿. 对马克思主义灌输理论的再认识 [J]. 学校党建与思想教育（高教版），2008（6）：12−15.

[37] 韩家勤. 马克思主义灌输理论的当代价值及其实现路径研究 [D]. 安徽：安徽工程大学，2010：15.

[38] 贺微. 从自由主义到马克思主义 [D]. 吉林：吉林大学，2007：45.

[39] 郑永廷. 思想政治教育方法论 [M]. 北京：高等育出版社，1999：120.

[40] 列宁. 列宁选集（第1卷）[M]. 北京：人民出版社，1995：325.

[41] 列宁. 列宁选集（第1卷）[M]. 北京：人民出版社，1995：317.

[42] 列宁. 列宁选集（第1卷）[M]. 北京：人民出版社，1995：328.

[43] 马克思，恩格斯. 马克思恩格斯选集（第1卷）[M]. 北京：人民出版社，1995：9.

[44] 马克思，恩格斯. 马克思恩格斯选集（第1卷）[M]. 北京：人民出版社，1995：15−16.

[45] 列宁. 列宁全集（第4卷）[M]. 北京：人民出版社，1958：335.

[46] 列宁. 列宁选集（第1卷）[M]. 北京：人民出版社，1995：423.

[47] 马克思，恩格斯. 马克思恩格斯通讯集（第1卷）[M]. 人民出版社，1995：3−4.

[48] 马克思，恩格斯. 马克思恩格斯全集（第2卷）[M]. 人民出版社，1957：589−590.

[49] 马克思，恩格斯. 马克思恩格斯选集（第1卷）[M]. 人民出版社，1995：285.

[50] 马克思，恩格斯. 马克思恩格斯通讯集（第1卷）[M]. 人民出版社，1995：306.

[51] 马克思，恩格斯. 马克思恩格斯选集（第1卷）[M]. 人民出版社，1995：282.

[52] 马克思，恩格斯. 马克思恩格斯全集（第3卷）[M]. 人民出版社，1957：13.

[53] 马克思，恩格斯. 马克思恩格斯选集（第1卷）[M]. 人民出版社，1995：606−607.

[54] 马克思，恩格斯. 马克思恩格斯选集（第3卷）[M]. 人民出版社，1995：760.

[55] 王学东. 略谈考茨基的"灌输论"思想的形成过程 [J]. 国际共运史研究，1988（4）：125.

[56] 考茨基. 爱尔福特纲领解说 [M]. 陈冬野, 译. 北京: 生活·学习·新知三联书店, 1963: 111.

[57] 列宁. 列宁选集 (第6卷) [M]. 北京: 人民出版社, 1986: 413.

[58] 列宁. 列宁选集 (第39卷) [M]. 北京: 人民出版社, 1986: 113.

[59] 列宁. 列宁选集 (第1卷) [M]. 北京: 人民出版社, 1984: 284.

[60] 列宁. 列宁选集 (第4卷) [M]. 北京: 人民出版社, 1984: 155.

[61] 列宁. 列宁选集 (第1卷) [M]. 北京: 人民出版社, 1972: 247.

[62] 列宁. 怎么办 [M]. 北京: 人民出版社, 1971: 37.

[63] 列宁. 列宁选集 (第1卷) [M]. 北京: 人民出版社, 1972: 258.

[64] 毛泽东. 毛泽东选集 (第1卷) [M]. 北京: 人民出版社, 1991: 511.

[65] 毛泽东. 毛泽东选集 (第2卷) [M]. 北京: 人民出版社, 1991: 481.

[66] 毛泽东. 毛泽东选集 (第5卷) [M]. 北京: 人民出版社, 1977: 385.

[67] 毛泽东. 毛泽东选集 (第3卷) [M]. 北京: 人民出版社, 1991: 1094.

[68] 毛泽东. 毛泽东选集 (第1卷) [M]. 北京: 人民出版社, 1991: 111−112.

[69] 毛泽东. 毛泽东选集 (第2卷) [M]. 北京: 人民出版社, 1991: 704.

[70] 毛泽东. 建国以来毛泽东文稿 (第5册) [M]. 北京: 中央文献出版社, 1991: 503.

[71] 邓小平. 邓小平文选 (第2卷) [M]. 北京: 人民出版社, 1994: 164.

[72] 邓小平. 邓小平文选 (第3卷) [M]. 北京: 人民出版社, 1993: 306.

[73] 邓小平. 邓小平文选 (第2卷) [M]. 北京: 人民出版社, 1994: 367.

[74] 邓小平. 邓小平文选 (第3卷) [M]. 北京: 人民出版社, 1993: 146.

[75] 邓小平. 邓小平文选 (第3卷) [M]. 北京: 人民出版社, 1993: 147.

[76] 邓小平. 邓小平文选 (第2卷) [M]. 北京: 人民出版社, 1994: 119.

[77] 邓小平. 邓小平文选 (第3卷) [M]. 北京: 人民出版社, 1993: 40.

[78] 邓小平. 邓小平文选 (第1卷) [M]. 北京: 人民出版社, 1994: 254.

[79] 邓小平. 邓小平文选 (第2卷) [M]. 北京: 人民出版社, 1994: 106.

[80] 邓小平. 邓小平文选 (第3卷) [M]. 北京: 人民出版社, 1993: 306.

[81] 邓小平. 邓小平文选 (第2卷) [M]. 北京: 人民出版社, 1994: 255.

[82] 江泽民. 论"三个代表" [M]. 北京: 中央文献出版社, 2001: 126.

[83] 江泽民. 论"三个代表" [M]. 北京: 中央文献出版社, 2001: 125.

［84］ 十四大以来重要文献选编（上）［M］. 北京：人民出版社, 1996: 647-648.

［85］ 江泽民. 论"三个代表"［M］. 北京：中央文献出版社, 2001: 123-134.

［86］ 江泽民. 论"三个代表"［M］. 北京：中央文献出版社, 2001: 127-128.

［87］ 毛泽东邓小平江泽民论思想政治工作［M］. 北京：学习出版社, 2000: 64.

［88］ 新华社. 加强党的思想理论建设推动马克思主义理论创新［N］. 人民日报, 2000-11-14（1）.

［89］ 刘建生. 坚持用"三个代表"重要思想统领宣传思想工作为全面建设小康社会提供科学理论指导和强大舆论力量［N］. 人民日报, 2003-12-8（1）.

［90］ 胡锦涛. 在"三个代表"重要思想理论研讨会上的讲话［N］. 人民日报, 2003-7-2（1）.

［91］ 翟伟. 加强领导干部学习提高执政兴国本领［N］. 人民日报, 2002-12-27（1）.

［92］ 李学仁. 进一步加强和改进大学生思想政治教育工作大力培养造就社会主义事业建设者和接班人［N］. 人民日报, 2005-1-1（1）.

［93］ 阿克顿. 自由与权力［M］. 北京：商务印书馆, 2001: 307.

［94］ 黑格尔. 法哲学原理［M］. 北京：商务印书馆, 1961: 197.

［95］ 康德. 历史理性批判文集［M］. 北京：商务印书馆, 1991: 182.

［96］ 博登海默. 法律哲学与法律方法［M］. 北京：中国政法大学出版社, 1999: 279.

［97］ 资产阶级政治家关于人权、自由、平等、博爱言论选录［M］. 北京：世界知识出版社, 1963: 210.

［98］ 哈耶克. 自由秩序原理［M］. 北京：生活·读书·新知三联书店, 1997: 3.

［99］ 匡萃坚. 当代西方政治思潮［M］. 北京：社会科学文献出版社, 2005: 147-148.

［100］ The evolution of the concept, Concepts of indoctrination: philosophical essays, Edited by I. A. Snook, Routledge & Kegan Paul［M］, 1972: 14.

［101］ 阿克顿. 自由与权力［M］. 北京：商务印书馆, 2001: 343-344.

［102］ 匡萃坚. 当代西方政治思潮［M］. 北京：社会科学文献出版社, 2005: 153-158.

［103］ I. A. Snook, Routledge, Kegan Paul. The evolution of the concept, Concepts of indoctrination: philosophical essays ［M］. 1972: 15.

［104］ 格雷. 自由主义的两张面孔 ［M］. 南京: 江苏人民出版社, 2002: 31.

［105］ 贾汉贝格鲁. 伯林谈话录 ［M］. 南京: 译林出版社, 2002: 132.

［106］ 周保松. 自由人的平等政治 ［M］. 北京: 三联书店, 2010: 233.

［107］ 德斯坦. 法兰西民主 ［M］. 北京: 商务印书馆, 1980: 52.

［108］ 德斯坦. 法兰西民主 ［M］. 北京: 商务印书馆, 1980: 112.

［109］ 罗尔斯. 正义论 ［M］. 北京: 中国社会科学出版社, 1988: 1.

［110］ 罗尔斯. 正义论 ［M］. 北京: 中国社会科学出版社, 1988: 5.

［111］ Indoctrination vs. Education, http: //www.doingzionism.org.il/resources/view. asp? id=1462.

［112］ 谢尔登・S・沃林. 政治与构想——西方政治思想的延续和创新 ［M］. 辛亨复, 译. 上海: 上海人民出版社, 2009: 647.

［113］ 霍尔, 戴维斯. 道德教育的理论与实践 M］. 陆有诠等, 译. 杭州: 浙江教育出版社, 2003: 19－20.

［114］ 霍尔, 戴维斯. 道德教育的理论与实践 ［M］. 陆有诠等, 译. 杭州: 浙江教育出版社, 2003: 21.

［115］ 刘宣文. 人本主义学习理论述评 ［J］. 浙江师范大学学报, 2002 (2): 28.

［116］ 唐乐. Web2.0 时代面向社会公众的组织外部传播 ［D］. 上海: 复旦大学, 2011: 23.

［117］ 胡河宁. 组织传播学 ［M］. 北京: 科学出版社, 2006: 32.

［118］ 斯蒂芬, 沃切尔等. 社会心理学 ［M］. 南京: 江苏教育出版社, 2008: 488.

［119］ 丹尼斯・麦奎尔, 斯万・温达尔. 大众传播模式论 ［M］. 上海: 上海译文出版社, 1987: 199.

［120］ 钱锋. 霸权、意识形态与政治三维中的角色. 文化研究网 http: //www. culstudies.com.

［121］ 祝小宁, 白秀银. 政府公信力的信息互动选择机理探究 ［J］. 中国行政管理, 2008 (8): 117.

［122］ 斯科特, 卡特李普, 等. 有效的公共关系 ［M］. 北京: 中国财政出版社, 1988: 510.